21th

2000년 10월 출범 후
2020년 제21회까지

4,788

4,788명의 글로벌 연사

52,860

5만여 명의 청중

세 계 지 식 포 럼
WORLD KNOWLEDGE FORUM

세계 최대

글로벌 지식의 장으로

자리매김하다

\\\\\\ 글로벌 리더들의 미래 전략 //////

세계지식포럼
인사이트
2021

글로벌 리더들의 미래 전략

세계지식포럼
인사이트
2021

매일경제 세계지식포럼 사무국 지음

매일경제신문사

팬데노믹스:
세계 공존의 새 패러다임을 찾아서

　　2020년 초 시작된 코로나19가 팬데믹으로 세계 전역을 점령하면서, 세계는 지금까지 경험하지 못한 '뉴노멀New Normal(새로운 표준)'을 맞이하고 있습니다. 전 세계 코로나19 확진자 수는 7,000만 명을 넘어섰습니다. 우리의 일상 또한 완전히 바뀌었습니다. 세계는 정치·경제·사회 등 여러 측면에서 과거에 경험하지 못한 어려운 현실을 맞이하고 있습니다.

　　그러나 여전히 세계는 낡은 패러다임으로 팬데믹에 대응하고 있습니다. 각국은 팬데믹을 극복하기 위해 정부 규제와 재정을 확대하고 외부와 장벽을 쌓는 데 집중하고 있습니다. 이는 국가 간 상호비방을 악화시켰고, 사회적 거리두기는 국가 간 거리두기로 바뀌고 있습니다. 각국이 해외의 자국 제조업체를 국내로 가져오려 하면서 글로벌 가치사슬은 심각하게 와해되고 있습니다. 이 와중에

강대국 간 패권 경쟁도 격화하고 있습니다. 미국과 중국은 네트워크 사회에서 상대방의 테크 기업들을 규제하며 세계화의 흐름을 되돌리고 있습니다.

전 세계가 큰 정부, 탈세계화, 패권 경쟁으로 퇴행하는 현상이 나타나고 있는 것입니다. '팬데믹 이후' 세계에 대한 낙관론과 우려가 교차하는 지점에서, 미래에 관한 통찰력이 절실히 필요합니다. 지금 우리는 위기에 올바르게 대응하고 있는지, 코로나19가 종식된 이후에는 무엇이 국가와 기업의 경쟁력을 결정할지를 고민해야 하는 시점에 있습니다.

제21회 세계지식포럼은 코로나19 확산에 따라 혼돈에 빠진 전 세계를 구할 해법으로 '팬데노믹스Pandenomics'를 제안했습니다. 팬데믹Pandemic과 이코노믹스Economics의 합성어인 팬데노믹스는 위기를 극복할 새로운 생존 패러다임을 뜻합니다. 특히 팬데노믹스는 특정 국가 위주의 자국 우선주의가 아닌 세계 공존을 통한 공동 번영을 목표로 하고 있습니다.

세상은 팬데믹 이후로 완전히 달라질 것입니다. 인류의 안전과 번영을 담보하는 것은 지정학적 충돌이 아닌 과학과 기술이 될 것입니다. 팍스 테크니카Pax Technica(기술 지배하는 시대)에서는 글로벌 네트워크상에 있는 시민이 더 넓어진 정보 접근권을 가질 것이기에 정부는 더 투명하고 효율적이어야 하며, 기업은 다양한 재난에 대응하고 경쟁력을 유지하기 위해 인터넷·로봇기술·인공지능 등을 적극적으로 받아들여야 합니다.

우리는 향후 발생할 팬데믹을 대비하는 기술 기반 글로벌 협력

체제를 구축하기 위해 앞으로 나아가야 합니다. 팬데믹으로 인한 희생을 잊어서는 안 될 것이며, 포스트 코로나19 시대는 과학과 기술을 바탕으로 평화와 번영을 추구해야 합니다.

세계지식포럼은 팬데믹 상황에서 새로운 포럼의 형태를 선보였습니다. 한국의 포럼 현장과 미국, 이탈리아, 일본, 인도, 터키 등 24개국 51개 도시를 실시간 랜선으로 연결하는 하이브리드(온라인·오프라인 결합) 방식이 도입됐습니다. 불확실성의 시대를 견인하는 것은 신뢰할 수 있는 지식 플랫폼입니다. 지식 자산은 정확한 정보를 제공하고 인류가 미래 지향적 결정을 내리는 것을 가능케 합니다. 지난 21년간 지식과 집단지성의 보고 역할을 해온 세계지식포럼이 인류의 위기 극복에 중요한 역할을 해나갈 것으로 기대합니다.

이번 세계지식포럼에는 270여 명의 연사와 수십만 명의 청중이 온·오프라인에 함께 모여 '팬데노믹스: 세계 공존의 새 패러다임 Pandenomics Perspective: Shaping New Global Symbiosis'을 주제로 다양한 논의를 진행했습니다. 테리사 메이 제76대 영국 총리, 엔리코 레타 제55대 이탈리아 총리 등 국가 정상은 물론 앙헬 구리아 OECD 사무총장, 존 헤네시 알파벳 회장, 클라우스 슈바프 세계경제포럼 회장, 대런 애쓰모글루 MIT 교수 등 각 분야 최고의 전문가들이 참석했습니다. 정치, 경제, 과학, 기술, 환경 등 모든 분야에서 변곡점을 맞은 세계가 정상 궤도에서 다시 힘차게 전진하기를 기대합니다.

세계지식포럼 집행위원장 겸 매일경제신문 회장
장대환

새로운 기회는
위기에 찾아온다

세계지식포럼은 2000년 10월 아시아 금융위기 직후 '창조적 지식국가로의 대전환'을 목표로 출범했습니다. 그동안 세계지식포럼은 지식 공유를 통한 지식격차 해소, 균형 잡힌 글로벌 경제 성장과 번영을 논의하는 자리를 제공해왔습니다. 첫 포럼이 열린 이래 전 세계 82개국에서 총 4,500명이 넘는 연사들과 5만여 명의 청중이 참여하며 세계지식포럼은 명실상부한 지구촌 최대 지식축제로 자리매김했습니다.

'팬데노믹스: 세계 공존의 새 패러다임'을 주제로 열린 2020년 세계지식포럼은 코로나19 확산으로 혼돈에 빠진 전 세계를 회복시키고 뉴노멀에 적응하는 해법을 모색하는 장이었습니다. 〈세계지식포럼 사무국〉과 매일경제 기자들로 구성된 〈특별취재팀〉은 포럼을 통해 각 분야 최고의 전문가들과 머리를 맞댔습니다.

포럼 이후 출간되는 이번 책에서는 제21회 세계지식포럼 개막부터 폐막에 이르기까지, 전 세계 리더들의 '팬데노믹스 인사이트'를 고스란히 담아냈습니다. 국제 정치, 경제와 경영, 과학과 기술, 환경 등의 분야에서 변화하는 세계의 모습을 한눈에 파악할 수 있도록 지성들의 메시지를 다듬고 열다섯 개의 핵심 이슈를 선정하였습니다. 또한 여러 발표 중에서도 특히 주목해야 할 다섯 연사의 연설 전문을 수록하여 독자분들이 보다 깊이 있는 메시지에 다가갈 수 있도록 구성했습니다.

지금 세계는 글로벌 리더십의 부재로 각종 갈등과 분쟁은 늘어나고 있지만 이를 해결하고 조정할 주체는 찾기 힘든 상황입니다. 미국을 포함한 선진국들은 코로나 대위기에서 빠져나오지 못하고, 세계의 성장엔진이었던 중국 또한 코로나 바이러스로 인해 급속한 경기 침체 늪에 빠질 가능성도 커졌습니다. 브렉시트와 미국 대선, 영토분쟁, 중동지역 갈등, 북한 핵문제까지 다양한 이슈가 한꺼번에 엉키는 형국입니다. 〈파트 1. 글로벌 거버넌스〉에서는 글로벌 싱크탱크 수장과 전직 정상급 리더를 비롯한 전 세계 전문가들이 혼란기의 지정학적 문제와 그 대응방안을 진단합니다.

4차 산업혁명 시대에 코로나19 팬데믹(감염병 대유행)까지 번지며 세계는 패러다임 전환기를 맞고 있습니다. 산업 간의 벽이 무너지고 있고, 새로운 시장이 열리고 있습니다. 〈파트 2. 비즈니스 리셋〉에서는 기술혁신을 선도하고 있는 다양한 글로벌 기업 리더들이 예측한 기술 혁신의 방향과 산업의 미래를 정리했습니다.

역사상 최악의 경기 침체 전망에 금융시장도 불안에 휩싸였습니다. 세계 곳곳에서 셧다운에 따른 공급 충격과 대량 실업이 발생했고 국제통화기금IMF은 2020년 세계 경제 평균 성장률을 -4.9%로 예상한 바 있습니다. 〈파트 3. 팬데믹 이코노미〉에서는 불확실성으로 점철된 세계 경제에 대한 글로벌 금융전문가들의 심도 있는 토의를 담았습니다. 무역 분쟁과 경기부양책 등에 대한 분석을 통해 세계 경제 회복을 위한 '바운스 백' 전략을 제시합니다.

바야흐로 팍스 테크니카 시대가 열렸습니다. 인공지능과 빅데이터, 로보틱스, 클라우드, e커머스, 모빌리티 등 각양각색 분야가 현대인의 삶을 빠르게 변화시키고 있습니다. 이제는 과학기술 패권을 쥐지 못하면 세계를 리드할 수가 없습니다. 〈파트 4. 팍스 테크니카〉에서는 첨단 기술이 바꿔놓을 미래에 대한 글로벌 기업 최고경영진과 과학자, 엔지니어들의 예측을 전합니다.

인류의 건강과 행복 그리고 지구 환경이 그 어느 때보다 중요해졌습니다. 경제가 고도화되고 정치적 시민의식이 성숙될수록 인간은 안전하고 지속 가능한 환경에서 수준 높은 문화생활을 영위하고 싶어 할 것입니다. 〈파트 5. 라이프스타일 체인지〉는 팬데믹 이후 변화할 삶의 모습을 엿볼 수 있는 다양한 인사이트를 모았습니다. 또한 삶의 질을 높이고 더 건강하고 행복한 삶을 그릴 수 있는 아이디어를 전합니다. 언택트 시대 K팝의 새로운 변신, 코로나 블루 해결책으로 각광받는 뇌과학의 미래, 스마트 시티 건설의 노하우 등을 담았습니다.

세계지식포럼에 모인 세계의 지성들은 "언제나 그랬듯 위기 때 새로운 기회는 찾아온다"고 입을 모았습니다. 예컨대, 코로나19는 비대면 세계의 문을 활짝 열었으며 온라인 유통과 교육이 폭발적으로 증가하면서 디지털 시대로의 전환을 앞당겼습니다. 전 세계는 코로나19 사태로 그 어느 때보다 서로 연결되어 있음을 깨달았고, 공조의 필요성도 체감했습니다.

앞으로 세계는 코로나19 전과 후로 극명히 나뉠 것입니다. 새로운 시대에 승자가 되려면 대전환기에 올바른 선택을 해야 합니다. 책에 담긴 글로벌 리더들의 사유思惟가 여러분의 선택에 큰 도움이 될 것이라 확신합니다. 세계지식포럼에 참석하지 못한 분들도 이번 책을 통해 다가올 미래를 준비하는 계기를 마련하시길 바랍니다.

CONTENTS

PART 1
글로벌 거버넌스

1 팬데믹이 가속화할 각자도생의 시대

2 신냉전 눈치게임, 묘수를 찾아라

3 복지국가 3.0

PART 2
비즈니스 리셋

PART 3
팬데믹 이코노미

LEADERS' INSIGHT | 스티븐 슈워츠먼
코로나 이후 급부상할 매력적인 투자처

1 달리는 중국, 고전하는 유럽

2 극단화된 투자시장과 떠오르는 ESG

3 필必환경 시대의 경제학

PART 4
팍스 테크니카

PART 5
라이프스타일 체인지

글로벌 거버넌스

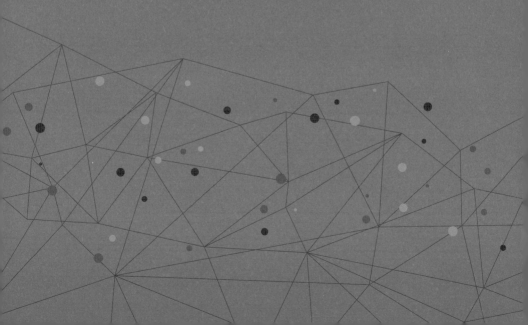

> ❝
> 우리가 나아가야 할 방향은,
> '이쪽이냐 저쪽이냐'를 놓고 고르는 것이 아니라
> 모두가 함께 다자적인 방법으로
> 공존할 수 있는 길을 찾는 것입니다. ❞

테리사 메이 Theresa May

영국 국정의 혼돈기인 2016년부터 2019년까지 영국 총리와 보수당 대표를 역임했다. 메이 총리는 역사적인 브렉시트 국민투표 이후 유럽연합EU과의 협상을 주도했다. 현재 메이든헤드의 하원의원이다.

분열된 세계 구원할
뉴 거버넌스

●●

테리사 메이 제76대 영국 총리 | 테리 마르틴 독일 공영방송 도이체벨레 선임앵커

Topic 1 | 국제협력이 무너지는 시대, 브렉시트와 영국

마르틴 간략하게 브렉시트(영국의 유럽연합 탈퇴)부터 이야기해 볼까요? 영국의 경우 2020년 1월 31일 공식적으로 유럽연합EU에서 탈퇴했습니다. 그런데 아직 전환기라 할 수 있습니다. 여러 협상이 끝나지 않았고 특히 영국과 유럽연합 간 협상이 여전히 진행되고 있습니다. 구체적인 교역 협상 내용을 공개할 수 없으시겠지만, 브렉시트의 현 상황에 대해 설명해주시겠습니까?

메이 말씀하신 것처럼 영국이 공식적으로는 유럽연합에서 탈퇴한 상태입니다. 진행 중인 협상들은 곧 마무리될 예정입니다. 유럽집행위와 유럽연합이 비준 절차를 진행해야 합니다. 그래서 지금이

협상의 핵심적인 시점이라 할 수 있습니다.

말씀하신 것처럼 제가 구체적으로 말씀을 드리기는 어려운 상황입니다. 영국 같은 경우에는 유럽연합 탈퇴와 관련한 협상을 2019년 12월에 진행해서 서명한 바 있는데, 서명된 부분 중 일부를 수정하고자 합니다. 국제협정이다 보니, 내용 수정이 가능할지 아직 확실하지 않습니다. 개인적으로는 아무래도 어려울 것으로 생각합니다. 국회 내에서도 이것을 어떻게 진행해야 하는지 또 영국은 어떻게 내응해야 할지에 대한 논의가 계속 이뤄지고 있습니다. 그리고 2020년 12월 30일이 되면 영국은 완전히 유럽연합을 떠나게 됩니다.

사실 저희는 영국이 유럽연합을 떠나는 것이지 유럽을 떠나는 것이 아니라는 표현을 사용합니다. 영국은 늘 유럽의 일부일 것입니다. 제가 생각하기에는 이것이 가장 중요합니다. 영국과 유럽의 이웃 국가들 사이에 좋은 관계가 이어지는 것이 중요합니다. 이들 국가들은 지리적으로 가장 가깝고, 영국의 동맹이기 때문입니다. 영국은 늘 유럽 내에서 독특한 역할을 해왔습니다. 아시다시피 영국은 미국과 특별한 관계죠. 그래서 유럽과 조금은 다른 입장을 가질 때도 있지만, 여전히 유럽의 일부이기도 합니다.

영국이 유럽연합을 탈퇴할 것이기 때문에 앞으로 전 세계 다른 국가들과의 관계가 조금 더 확장되지 않을까 생각합니다. 교역 관계도 그렇고요. 저희 같은 경우에는 한국과 계속해서 교역 관계를 유지하게 되어서 아주 기쁘게 생각하고 앞으로도 좋은 관계가 유지되기를 기대하고 있습니다.

마르틴 다른 나라의 입장에서 바라보면 협상 대상자가 유럽연합과 영국, 둘로 나눠지게 되므로 조금 복잡하게 느껴질 수 있습니다. 브렉시트 국면에서 영국이나 유럽연합의 경쟁력에 대해서는 어떻게 생각하는지 궁금합니다.

메이 말씀하신 것처럼 교역 관계에 있어서는 유럽연합과 영국이 별도가 되기 때문에 주체가 2개가 되는 것은 사실입니다. 그리고 유럽연합이 갖고 있었던 여러 교역 관계, 그리고 영국이 포함돼 함께 협상하고 체결했던 여러 협정들은 탈퇴 이후에도 유지될 것입니다. 그렇지만 이런 협정을 더욱 발전시키는 한편 새로운 관계도 만들어 나가고자 합니다. 이로 인해 유럽연합의 입장이 달라질지는 잘 모르겠습니다. 영국이 떠난다고 해서 유럽연합의 교역 관계가 달라질까요? 그러면 영국과 유럽연합이 국제관계에서 앞으로 어떠한 영향력을 가져가게 될까요?

영국은 유엔 안보리에 참여하고 있습니다. 그렇기 때문에 국제관계에 있어서 유럽연합과는 늘 조금 다른 입장을 갖고 있었다고 생각합니다. 저는 영국이 지속적으로 국제관계의 발전에 기여하기를 기대하고 있습니다. 현재 세계 정치의 도전 과제 중 하나는 여러 분야에서 국제협력이 무너지고 있다는 것입니다. 특히 기후변화와 같은 중요한 이슈는 개별 국가가 해결할 수 있는 문제가 아니라서 협력해야 합니다. 영국 같은 경우에는 늘 이와 같은 일반적인 다자주의에 적극적으로 참여해왔습니다. 영국은 이러한 다자적 기구가 적극적인 역할을 할 수 있도록 하는 데 기여하고자 합니다.

마르틴 영국은 전 세계적으로 존경받는 선진국입니다. 그럼에도 불구하고 브렉시트가 국민 투표를 통해 통과된 이후 많은 어려움을 겪고 있는 것도 사실입니다. 메이 전 총리님을 비롯해 데이비드 캐머런 전 총리, 그리고 이제 후임이 되신 존슨 총리의 리더십을 비교해봤을 때 어떤 교훈을 얻을 수 있을까요?

메이 영국은 국민투표를 통해 유럽연합 탈퇴에 대한 결정을 내렸습니다. 그것은 유럽연합과 관련된 투표였지만, 결국 국민이 변화를 원했다는 결론이 도출된 투표였다는 생각이 듭니다. 이는 다른 국가에서도 찾아볼 수 있는 현상입니다. 세계화로 인해서 모두가 고르게 혜택을 누리지 못하고 있기 때문입니다. 혜택을 받지 못한 개인과 지역사회도 분명히 있다는 것입니다.

이러한 현상은 2008년 세계금융위기로 더 두드러지게 나타났지만, 사실 그 이전부터 쌓여온 결과이기도 합니다. 영국의 경우 국민투표를 통해 국민들이 변화에 대한 목소리를 표현할 수 있는 기회가 생겼고, 그동안 정치인들이 모두의 목소리를 반영하지 못하고 있었다는 것을 표현하는 계기가 됐던 것 같습니다. 이것이 가장 큰 교훈이 아닐까 생각합니다. 현 시점에서 영국 정치계는 이에 대해 반드시 반응을 보여야 합니다. 변화의 목소리에 대응해야 합니다.

마르틴 영국에서 유럽연합 탈퇴와 관련한 국민투표는 데이비드 캐머런 총리의 임기에 진행됐습니다. 메이 전 총리님이 총리가 되면서 이후 결정을 이끌어내는 과정이 쉽지는 않았을 것 같습니다. 만약 과거로 돌아갈 수 있다면 바꾸고 싶은 부분이 있으신가요?

메이 기본적으로 브렉시트의 이행이라는 측면에서 제가 취한 접근 방법은 국민투표를 실시하는 것이었습니다. 그 결과, 52%가 탈퇴를 원했고 48%가 잔류를 원했습니다. 사실 굉장히 좁은 차이였습니다. 이는 나라가 나뉘어져 있다는 뜻이었습니다. 분열된 여론을 다시 조화롭게 만들고 유럽연합과의 관계를 재정립하는 노력이 필요했습니다. 당시 국민의 48%는 잔류를 원했기 때문에 이들의 목소리도 들을 필요가 있었습니다. 제가 좀 더 관심을 기울였어야 하는 부분이기도 합니다. 의회에서의 전반적인 분위기는 국민의 의견을 반영해야 한다는 것이었고 조금 더 나은 해결방법을 찾아야 한다는 목소리도 있었습니다. 그런데 브렉시트와 관련해서는 당시 의회가 분열되어 있었습니다. 이처럼 갈등이 심화되었던 점이 안타깝습니다.

Topic 3 | 언론과 소셜 미디어의 역할

마르틴 영국에서 브렉시트와 관련한 국민투표가 진행될 당시 굉장히 많은 관심과 주목을 받았습니다. 특히 언론과 소셜 미디어

그동안 정치인들이 국민의 목소리를

반영하지 못하고 있었다는 것,

이것이 우리에게 가장 큰 교훈이 아닐까 생각합니다.

이제 이에 대한 정치권의 반응이 요구되고 있습니다.

변화의 목소리에 대응해야 합니다.

세계지식포럼 개막식에서 진행된 테리사 메이 영국 전 총리(왼쪽)와 테리 마르틴 앵커의 대담

에서의 주목은 굉장했습니다. 정치와 국론이 분열된 과정에서 이들의 역할은 무엇일까요?

메이 소셜 미디어는 굉장히 긍정적인 역할을 할 수 있습니다. 우리는 민주 사회에서 토론을 장려하고 있는데, 소셜 미디어는 많은 사람의 참여를 유도해낼 수 있습니다. 하지만 소셜 미디어의 부작용도 있습니다. 매우 극단적인 견해를 가진 자들이 소셜 미디어를 통해 그러한 견해를 강화하고 퍼뜨릴 수 있기 때문입니다. 예를 들어 어떤 사람들이 일반적인 상황에서는 귀를 기울이지 않을 극단적인 생각을 가지고 있다고 칩시다. 그들이 자신의 견해를 소셜 미디어에 올리고 만약 그것이 전 세계적으로 공유가 된다면, 더욱 힘을 얻게 되고 또 목소리를 얻게 될 수도 있습니다. 그렇게 된다면 여론의 분열은 더 가속화될 수 있습니다. 극단적인 견해가 일반적인 견해로 바뀔 위험이 있는 것입니다.

Topic 4 | 코로나19가 촉발한 자국중심주의와 세계화

마르틴 현재 코로나19가 전 세계를 강타하고 있습니다. 전 세계가 코로나19 바이러스에 대응해야 하는 상황입니다. 백신이 과연 잘 개발돼 모두에게 제공될 수 있을까요? 일부 국가에서는 백신 국수주의를 걱정하고 있습니다. 일부 국가가 빠르게 백신 개발을 한 후, 자국민을 위해서만 백신을 공유할 수 있다는 우려가 나옵니다.

영국 같은 경우에도 굉장히 적극적으로 백신 개발에 뛰어들고 있습니다. 전 세계 모든 이에게 백신을 제공하려면 어떤 노력이 필요할까요?

메이 먼저 제가 한국에 방문하게 된 이유는 한국이 성공적으로 코로나19에 대응했기 때문입니다. 저는 직접 한국에 와서, 그들이 전염병에 이렇게 대응하는지 보고 싶었습니다.

백신 개발의 경우 우리가 이야기 듣는 대로 많은 노력이 이루어지고 있습니다. 아스트라제네카와 옥스퍼드가 백신을 함께 개발하고 있다는 이야기도 들리고요. 중요한 것은 백신 개발에 있어 국제협력이 이뤄지고 있다는 점입니다.

영국의 경우에는 백신이 개발되면 필요한 모든 사람, 특히 개발도상국에게 제공하겠다는 의사를 밝힌 바 있습니다. 한편, 백신을 개발하고 그 백신이 자신들의 자국민들을 위해서 먼저 제공되어야 한다는 입장을 가진 국가도 있습니다. 여분이 있을 때 다른 국가에 제공하겠다는 것이지요. 제가 보기에는 우리 모두가 손을 잡고 협력해야만 팬데믹에 효과적으로 대처할 수 있다고 생각합니다. 안타깝게도 팬데믹 초기 단계에서 실질적이고 효과적인 국제협력이 부족했습니다. 각 국가마다 코로나19 대응을 위해서 자체적으로 머리를 맞대고 고민을 하며 대응책을 마련했지만, 국제적 협력은 많이 미흡했습니다. 백신 관련해서는 앞으로 더 많은 국제협력이 이뤄지길 기대해봅니다.

마르틴 코로나19 같은 경우에는 사람 간의 관계, 국가와 국가의 관계, 도시와 도시의 관계 등과 밀접한 관련이 있습니다. 일각에서는 팬데믹으로 인해 세계화가 가장 큰 타격을 입었다고 이야기하는 사람도 있습니다. 다자주의적 접근을 활용한다는 측면에서 어떻게 해야 우리가 서로 다시 연결될 수 있을까요?

메이 전 세계적인 공급 사슬을 보면 세계화의 양상이 더욱 명확해집니다. 여러 국가들은 자국 내에서 생산을 더 많이 해야만 미래의 활력이 확보된다고 판단할 수밖에 없는 상황이고, 실제 많은 국가가 그런 생각을 하는 것으로 알고 있습니다. 그런데 사실상 세계무역 체제를 보면 코로나19 이전에도 많은 문제점들이 생겨나고 있었던 게 사실입니다. 물론 이는 코로나19로 인해서 더 심화된 측면도 있습니다.

영국과 한국은 수출 의존도가 높은 국가이고 양국 모두 자유무역을 수호하고 있으며 자유무역이 확산되길 기대하고 있습니다. 그런데 세계무역기구WTO와 같은 국제기구가 어려움을 겪기 시작했습니다. 미국도 최근 들어 방향의 전환을 상당히 이룬 것을 볼 수 있습니다. 그렇기 때문에 비슷한 가치를 수호하고 있고, 세계무역을 믿고 있는 국가들끼리 협력이 더욱 필요합니다. 반드시 전 세계적인 무역의 틀을 유지하도록 노력해야 할 것입니다.

과거 자유무역을 유지해주었던 틀을 이어가는 것이 중요합니다. 물론 세계화로 인해서 어려움을 겪은 사람들도 있고 혜택을 고루 받지 못한 사람들도 있지만, 그렇다고 해서 세계화를 버리는 것은 대안이 아니라고 생각합니다. 보다 많은 사람이 혜택을 받을 수 있도록 세계화를 계속 수정해 나아가야 한다고 생각합니다. 과거 세계무역이 많은 사람에게 혜택을 준 것도 사실이지만, 모든 사람에게 혜택을 주지는 못했기 때문에 그런 부분을 수정해야 한다고 생각합니다.

마르틴 각 국가 내 부채가 늘어났을 뿐 아니라 수조 달러가 투입되고 있어 코로나19 이후의 경제 회복을 위해 많은 노력이 필요하다는 의견이 있습니다. 심각하게 걱정할 만한 상황일까요?

메이 사실 우리 모두가 걱정해야 하지 않을까요? 왜냐하면 결국 부채를 처리해야 하기 때문입니다. 이는 분명한 도전 과제가 될 것입니다. 부채를 시급하게 처리할 것인지 아니면 일단 부채는 차치하고 현재 문제를 먼저 해결해야 할지는 여전히 논의 중에 있습니다. 제가 생각하기에는 각 국가가 개인 혹은 기업에 대한 코로나19의 영향을 최소화하기 위해서 재정을 즉각 투입한 것은 옳은 결정이었다고 생각합니다. 이 같은 조치를 했다고 해서 정상으로 다 돌아가는 것이 아니기 때문에 남은 부채를 어떻게 처리할 것인지를 생각해야 할 것입니다.

안타깝게도 팬데믹 초기 단계에서는
실질적이고 효과적인 국제협력이 부족했습니다.
우리 모두가 손을 잡고 협력해야만 팬데믹에
효과적으로 대처할 수 있다고 생각합니다.
앞으로 더 많은 국제협력이 이뤄지길 기대해 봅니다.

마르틴 총리 시절, 최고 선진국 중 하나인 국가의 수장으로서 중국에 대처해야 하는 상황에 놓이셨습니다. 중국은 현재 많은 관심을 받고 있는 국가인데요. 영국 입장에서 뿐만 아니라 일반적인 관점에서 중국에 대응할 때 어떠한 점을 고려해야 하겠습니까?

메이 말씀하신 것처럼 국제관계에서 중국은 도전 과제이기도 하지만 기회이기도 합니다. 전 세계가 뒷짐을 지고 중국이 없다고 생각하고 살아갈 수는 없습니다. 중국 경제가 중요하지 않다고 착각하며 살아갈 수 없는 것이죠. 특히 동아시아에서는 중국의 존재감이 더욱 클 것입니다. 중국이 미래를 어떻게 그리고 있는지, 또 중국이 어떠한 행동을 취하는지에 대해 분명한 존재감을 느끼고 있을 것입니다.

전 세계의 관점에서 볼 때 중국이 국제질서 안으로 들어와 다자주의에 참여하도록 하는 것이 이상적이라고 생각합니다. 다시 말하면 중국이 전 세계적으로 구축해 놓은 규범을 따르도록 하자는 것입니다. 물론 중국의 입장에서는 중국이 본격적인 논의에 참여하기 이전에 여러 국제기구의 규정이 이뤄졌기 때문에 왜 자신들이 그것을 따라야 하느냐고 생각할 수 있죠. 충분히 그런 입장이 있을 수 있다고 생각합니다. 그래서 세계 질서에 모두가 참여할 수 있도록 기구와 규칙이 마련돼야 한다고 생각합니다.

거기까지는 어떻게 갈 수 있을까요? 중국과 갈등을 겪거나, 미국과 대립한다고 해서 이룰 수는 없다고 생각합니다. 전 세계적으로 미국과 중국 사이 갈등에 관심이 집중되고 있는데 저는 A나 B를 선택하는 방법으로 해결할 수 있는 문제는 아니라고 생각합니다. 단순히 중국을 한쪽으로 제쳐둬서 해결할 수 있는 문제가 아닙니다. 오히려 중국을 조금 더 큰 국제질서로 포용해야 해결할 수 있다고 생각합니다. 그동안 전 세계가 잘 활용해온 제도권 안으로 중국을 들어오게 해야 한다는 것입니다.

중국은 경제가 너무나도 빨리 성장하고 있기 때문에 전 세계적인 관심을 받고 있습니다. 중국과의 관계에 있어 영국에서도 많은 논의가 이루어지고 있는 부분 중 하나가 화웨이와 관련한 논의입니다. 중국의 경우에는 세계 최고의 5G(5세대 이동통신) 기술을 만들어 냈습니다. 우리가 어느 날 눈을 뜨고 나니 5G 기술이 필요하다는 걸 깨닫게 된 상황이죠. 그렇지만 이와 관련해서는 국가 안보에 대한 우려가 분명히 있습니다. 그리고 미국에서도 이러한 우려를 하고 있기 때문에 일부에서는 화웨이를 배제하자고 주장합니다.

마르틴 5G 기술, 화웨이의 기술을 쓰지 말아야 한다고 주장하는 사람들도 있습니다. 화웨이와 같은 중국의 테크 기업이 국가 안보에 위협이 된다고 보십니까?

메이 지난 몇 년 동안 제가 내무부 장관과 총리를 역임하면서 고민했던 문제이기도 합니다. 화웨이는 영국에서 상당히 오랜 기간 동안 사업을 해왔습니다. 그리고 저희가 이 이슈를 상세하게 살펴보니, 화웨이가 계속해서 중요한 역할을 할 수 있다는 점도 인지하게 되었습니다. 하지만 동시에 화웨이가 영국의 5G 개발의 핵심이 될 수는 없다는 것도 알게 되었습니다. 그 이후에 저희는 화웨이를 5G 시스템에서 특정 기간 동안은 배제하기로 결정했습니다. 물론 미국의 제재 영향도 있었습니다. 미국의 제재는 영국뿐 아니라 전 세계에 영향을 미치기 때문입니다.

각 국가는 안보리는 측면에서 화웨이 문제를 검토해보아야 할 것입니다. 각 국가의 시스템과 규제 틀 내에서 검토해야 합니다. 영국의 경우 미국의 제재 결정에 영향을 어느 정도 받았던 것도 사실입니다. 이와 별개로 미국과 다른 서구권 국가들이 생각해보아야 할 것은 '갑자기 왜 하루아침에 모든 이들이 화웨이를 원하게 되었는가'입니다. 이 질문에 답을 해봐야 합니다. 저희뿐만 아니라 저희 우방 국가들은 다양한 옵션을 고려하게 되었고 국가별로 화웨이 이외에 다른 어떤 옵션이 있는지를 검토하게 되었습니다. 앞으로는 좀 더 잘 짜인 규정과 규칙, 틀을 마련함으로써 국가 안보에 대한 우려나 위협을 없앨 수 있도록 하는 것이 중요할 것입니다.

Topic 6 | 미·중 갈등과 국제정세

마르틴 영국 상황을 알려주시면서 대안도 말씀해주셨는데요. 그러면 이제 한국에 대해서 이야기를 해보겠습니다. 현재 한국은 5G 기술을 이끄는 국가이기도 합니다. 5G 분야에서는 삼성 등 다양한 기업들이 있는데 이들이 화웨이의 빈자리를 채울 수 있다고 생각하십니까?

메이 영국과 한국의 중요한 이슈 중 하나는 양국이 협력함으로써 5G와 관련된 분야의 협력을 강화할 방안을 찾는 것입니다. 저는 분명한 기회가 있다고 생각합니다. 현재 한국은 여러 도전 과제에도 잘 대응하고 있습니다.

마르틴 한국과 영국의 공통점도 있을 것입니다. 전 세계적으로 기후변화에 대응하기 위한 노력이 진행되고 있습니다. 한국에서는 새로운 '그린 딜'을 추진하고 있습니다. 영국은 이와 관련해서 리더십을 보여주고 있는데 이 분야에서 한국에 어떠한 조언을 주실 수 있을까요?

메이 제가 총리로서 했던 일 중 하나는 2050년까지 탄소 배출을 제로로 만들자는 법을 마련하고 채택한 것입니다. 한국 또한 이와 관련한 노력을 통해 리더십을 보여주기를 기대해봅니다. 영국에서 저의 경험을 바탕으로 얻은 교훈은 다음과 같습니다. 종종 기후변화를 대응할 상반되는 주장이 있습니다. 기후변화에 대응을 할지, 아니면 경제 성장을 추구할지에 대한 선택의 문제가 있다는 것이죠. 그러나 우리가 정말 필요로 하는 것은 경제 성장을 동반하는 기후 대응입니다. 이를 위한 접근 방법을 취하는 것이 중요합니다.

팬데믹을 극복하면서 우리가 지향해야 하는 방향이 바로 그런 것입니다. 영국은 지난 20~30년 동안 경제 성장을 이루면서도 계속해서 탄소배출량을 그 어떤 다른 G20 국가들보다 빠르게 줄여왔습니다. 더 나아가서 전기 자동차 분야, 배터리 기술 분야 등 다양한 분야를 활용함으로써 기후변화에 대응하고 있습니다. 여기서 핵심이 되는 것은 단지 기후변화를 도전 과제로 생각하고 대응하는 것이 아니라, 기후변화에 대응하면서 경제 성장을 견인할 수 있는 방안을 찾아보는 것입니다. 우리가 기후변화에 대응하지 않는다면 우리 경제가 발전하는 것이 어떤 의미가 있겠습니까?

전 세계적인 상황을 보면 기후 관련 재난이 잇따라 발생하고 있습니다. 결국 기후변화는 대응할 수밖에 없는 과제입니다. 호주에서 산불이 자주 발생하고 있고 미국에서도 심각한 산불이 발생하고 있습니다. 이런 모든 기후 관련 재해는 경제에 타격을 줍니다. 그래서 기후에 대응하는 것은 우리 모두가 해야 하는 일입니다. 이와 동시에 경제 성장도 추진할 수 있습니다. 녹색성장이 바로 우리가 가야 하는 방향입니다.

마르틴 물론 지속가능한 발전은 많은 국가들이 추구하고 있는 패러다임이기도 합니다. 하지만 세계정세를 다시 한 번 살펴보면, 현재 중국과 미국의 갈등이 심화되고 있고 두 국가가 경쟁하고 있는 상황에서 '신新냉전'이 아니냐는 의견도 대두되고 있습니다. 이런 상황에서 양국 사이에 위치해 있는 국가가 바로 한국입니다. 한국에 어떤 조언을 주실 수 있을까요? 안보와 경제 성장이라는 두 의제에 대해서 한국은 어떻게 대응해야 할까요?

종종 기후변화에 관한 상반되는 주장이 있습니다.
기후변화에 대응할지, 아니면 경제 성장을 추구할지를
선택해야 한다는 것이죠. 우리가 정말 필요로 하는 것은
경제 성장을 동반하는 기후 대응입니다.
우리가 기후변화에 대응하지 않는다면 경제가
발전하는 것이 어떤 의미가 있겠습니까?

메이 앞서 말씀드린 대로 오늘날의 정세, 특히 국제정치의 양상을 살펴보면 절대주의 쪽으로 움직이고 있는 것 같습니다. 100% 내 쪽이냐, 아니면 100% 나와 반대쪽이냐를 강요하는 것입니다. 하지만 우리가 나아가야 할 방향은 '이쪽이냐 저쪽이냐'를 놓고 고르는 것이 아니라 모두가 함께 다자적인 방법으로 공존할 수 있는 길을 찾는 것입니다. 다자적인 합의를 통해 모두의 성장과 번영을 공유할 수 있는 방안을 찾아야 합니다. 전 세계에서 벌어지고 있는 극단적인 절대주의는 심각한 문제라고 생각합니다. 이는 국수주의와 민족주의가 전 세계적으로 나타나고 있는 상황과 맞물리고 있습니다. 이러한 상황이 계속된다면 고립주의는 물론 국가 간 분열이 심화될 것이고 이것은 우리 모두에게 도움이 되지 않습니다. 경제 성장에도 도움이 되지 않으며 다음 세대의 미래에도 도움이 되지 않습니다.

마르틴 홍콩과 관련한 질문입니다. 홍콩은 전환기를 맞고 있습니다. 전환이 이뤄지고 있는 상황에서 중국의 대처에 대해서 어떻게 생각하시나요?

메이 최근 홍콩 상황에 대해 깊이 우려하고 있으며, 홍콩에서 실질적으로 취해지고 있는 행동은 영국이 홍콩을 반환했을 때 체결한 협정에 반하는 부분도 분명히 있다고 생각합니다. 이 협정은 반드시 준수되어야 합니다. 그리고 중국도 이를 인지했으면 합니다. 예를 들어 최근 홍콩 국가보안법과 같은 사례도 영국이 홍콩 반환

시 서명했던 협정 취지에 반한다고 생각합니다. 아시는 바와 같이 영국은 분명하게 영국으로 올 수 있는 권한을 가진 홍콩인들에게 손을 내밀었습니다.

Topic 7 | **청중질문: 영국의 외교**

한덕수(전 총리) 기후변화에 대처하는 것이 많은 지역에서 큰 변화로 이어질 것이라고 말씀하셨습니다. 그렇다면 기존의 정치 철학, 특히나 메이 전 총리님이 몸담고 있는 영국 보수당의 정치 철학에도 변화가 필요할까요? 작은 정부의 필요성과 같은 정치적 생각에도 변화를 필요로 할까요? 뿐만 아니라 정치적 리더십의 기본적인 철학이나 방향성에도 변화가 있을까요? 가령 기존에는 좀 더 일반적 지식을 가진 정치 리더가 중심이 되었던 상황에서 이제는 전문 분야를 가진 정치인의 시대가 열리고 일관적이고 강한 집행을 할 수 있는 정치인의 시대가 열릴 것이라고 생각하십니까?

메이 전통적으로 봤을 때 영국 같은 경우 보수당이 환경 및 기후변화에 집중하는 정당은 아니라는 인식이 있었습니다. 그러나 보수당이 영어로는 '컨서브Conserve'입니다. 이는 '보존'이라는 뜻이어서 보수당인 우리야말로 미래의 환경을 보존하는 당이라고 늘 농담을 하곤 합니다. 보수당이 기후변화에 대한 접근을 마련하고 기후변화의 중요성을 인식하는 것이 중요하다는 점을 저는 늘 강조해왔습니다. 캐머런 전 총리님께서도 이에 대해 적극적인 역할을 해 주셨고요.

개개인의 측면에서 봤을 때, 기후변화는 단순히 정부나 기업이 하는 일만으로 이뤄지는 것은 아니라고 생각합니다. 이 같은 변화에 개인이 참여해야 하고 각각 할 수 있는 역할이 다르다고 생각합니다. 영국뿐만 아니라 다른 국가에서도 마찬가지입니다. 정부나 국회는 입법을 하고 기업은 이를 적용하며 개인은 일상적인 행동을 통해 기후변화를 막는 데 기여할 수 있다고 생각합니다. 예를 들어서 연료를 사용하는 방식을 바꾸기 위해 우리가 타는 자동차의 종류를 바꾸면서 기여할 수 있겠지요. 보수당 또한 분명히 기후변화에 대한 철학을 가지고 정치를 해야 한다고 생각하고 그동안 그렇게 해왔다고 생각합니다.

태영호(국회의원) 메이 전 총리님, 저는 과거에 북한의 부대사로서 총리님이 총리직에 계실 때 대사관에서 일을 한 바 있습니다만, 이제 한국에서 국회의원으로 활약하고 있습니다. 영국은 유엔 안보리의 회원국이기 때문에 대북 유엔 제재에 대한 질문을 드려보고 싶습니다.

현재 여러 가지 의견이 충돌하고 있는 상황입니다. 첫 번째 입장은 북한에 대한 경제 제재를 빨리 해제하여 비핵화를 가속화시키자는 주장입니다. 이는 코로나19 팬데믹이나 자연 재해로 인한 피해는 줄이면서 비핵화를 진행하는 방법일 것입니다. 또 다른 주장으로는 대북 제재를 온전하게 유지해야 한다는 것입니다. 북한 측에서 진지하고 의미 있는 비핵화 절차를 거치지 않는다면, 그 전에는 해제를 해줄 수 없다는 입장인데요. 두 가지 입장 중에서 어떤 입장이 북한의 비핵화를 유도할 수 있는 방법이라고 생각하시는지요?

메이 태영호 의원님, 다시 뵙게 되어 정말 기쁘게 생각합니다. 전반적인 말씀을 드리자면 문재인 대통령은 현재 남북 관계를 개선하기 위해서 많은 노력을 해오고 계시며 그 부분을 환영하는 바입니다. 그 노력을 높게 평가합니다.

제재와 관련해서 영국과 영국 정부의 입장은 명확합니다. 제재가 유지되어야 한다는 것인데요. 북한의 의미 있는 비핵화가 이뤄지기 전까지는 제재가 유지되어야 한다고 생각합니다. 우리는 한반도의 비핵화를 원합니다. 그런데 검증 가능한 비핵화가 이루어져야만 제재가 해제될 수 있습니다. 그러기 전에는 해제하기가 어렵다는 것이 저의 입장입니다.

1

팬데믹이 가속화할
각자도생의 시대

| 탈세계화로는 위기를 극복할 수 없다

앙헬 구리아 OECD 사무총장

2006년부터 OECD경제협력개발기구 사무총장을 역임 중이다. 구리아 사무총장은 OECD가 G20, G7, 아시아태평양 경제협력체APEC 등 국제공조협의체에 적극 동참해 전 세계 경제 이슈에서 중요 역할을 하도록 리더십을 발휘했다. 특히 그는 포용적 성장을 통해 더 나은 삶을 촉진하는 새로운 정책에 초점을 맞추는 등 OECD의 역량과 영향력을 끌어올렸다는 평가를 받는다.

"정부는 지원을 일찍 거두는 오판을 해서는 안 된다. 각국이 각자도생을 하려 한다면 결코 위기를 극복할 수 없다." 코로나19 팬데믹 위기를 조기에 극복하고 경제를 정상화하기 위해 주요국들은 가용할 수 있는 재정·통화정책을 총동원하고 있다. 이와 더불어 경제 정상화의 보건학적 처방인 코로나19 치료제·백신 개발 전쟁도 뜨겁게 달아오르는 중이다.

더블히트 경제 충격 올 경우 세계 GDP 7.6% 사라져

앙헬 구리아 OECD 사무총장은 "많은 국가들이 새로운 '뉴노멀'을 찾고 있지만 중요한 것은 그것이 이전의 노멀보다 더 나은 것이어야 한다는 점"이라며 "팬데믹 이후의 세계 경제 시스템 역시 이전보다 더 포용적이고 지속가능하며, 회복력이 뛰어난 것이어야 한다"고 규정했다.

그러면서 올해 세계경제가 전례 없는 마이너스 성장 쇼크를 경험할 것임을 환기시켰다. 이미 OECD는 2020년 6월 글로벌 경제 전망 자료를 내놓으면서 처음으로 팬데믹 상황에 따른 두 가지 시나리오를 만들어 전망치를 달리했다. 코로나19의 재확산을 차단하는 데 성공한다고 가정한 싱글 히트Single-hit 시나리오 하에서 올해 세계 경제상장률은 -6%를, 코로나19가 다시 번지는 더블 히트Double-hit 시나리오에서는 -7.6%까지 악화할 것이라는 분석이다.

구리아는 이 수치를 인용하며 "전 세계는 지금 최악의 보건·사회·경제 위기에서 팽팽한 외줄타기를 하고 있다"고 진단했다. 2020년 2분기 주요 20개국G20의 국내총생산GDP 감소폭의 경우 6.9%에 달해 글로벌 금융위기 쇼크를 겪은 2009년 1분기(-1.6%)를 4배 이상 상회한다.

그는 팬데믹이 가져온 경제 하방압력의 가장 큰 피해 부문으로 노동시장의 위기를 지목했다. 2008년 글로벌 금융위기 이후 세계 경제가 10년 넘게 꾸준히 회복시켜 온 각국 고용시장이 일순간에 글로벌 금융위기 이전으로 돌아갔다는 탄식이다. 그는 각국 정부의 재정·통화정책이 고용시장의 회복력을 키우는 데 집중돼야 함을

코로나19 재확산과 글로벌 경제 더블딥 우려

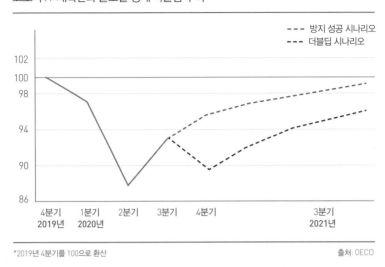

- - - 방지 성공 시나리오
- - - 더블딥 시나리오

*2019년 4분기를 100으로 환산

출처: OECD

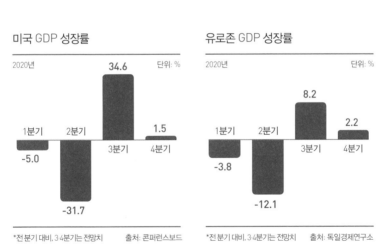

미국 GDP 성장률

2020년   단위: %

*전 분기 대비, 3·4분기는 전망치   출처: 콘퍼런스보드

유로존 GDP 성장률

2020년   단위: %

*전 분기 대비, 3·4분기는 전망치   출처: 독일경제연구소

강조하며 과도한 국가부채 증가 등을 걱정해 이 같은 경기부양책을
서둘러 철회할 경우 더 큰 위기를 초래할 수 있다고 경고했다.

'더 나은' 노멀을 위한 노력

팬데노믹스 시대를 맞는 세계 각국의 정책처방 해법에 관해 그는 세 가지 대원칙을 천명했다. 첫째로 정부가 국가부채 부담을 이유로 일자리 예산 등 각종 지원을 빨리 거두는 우를 범하지 말라는 것이다. 팬데믹 이후 경제가 반등하는 과정에서 노동시장의 회복탄력성을 키우는 데 정부 지원이 집중돼야 한다는 것이다. 그는 "공공부채에 대한 각국 정부의 부담이 가중되고 있는 게 사실이지만 구직자들이 새로운 일자리를 찾을 수 있도록 공공 및 민간 일자리 시장을 확장시키는 노력은 매우 중요하다"고 호소했다.

산업계의 위기 극복과 재도약을 위해 금융의 역할 역시 정부 못지않게 중요하다고도 강조했다. 팬데믹 발발로 기업의 디폴트(채무불이행) 사례가 글로벌 금융위기 이상으로 악화할 가능성을 환기시키며 그는 "금융시장이 적절한 기업 지분투자 프로그램을 만들면 일시적 유동성 위기에 몰린 기업을 상대로 구제금융 등 공적자금 투입 부담 없이 채무불이행 위험성을 낮출 수 있다"고 설명했다. 이와 함께 연구개발R&D 등 장기적 가치를 창출하는 투자 역시 팬데믹 이후 금융시장이 나아가야 할 '더 나은' 노멀임을 역설했다.

각자도생으로는 위기돌파 불가능

"위기 극복을 위해 일치된 방향으로 시급히 핸들을 돌려야 하는데 핸들을 잡고 있는 각국이 제각기 다른 방향으로 핸들을 틀면 원하는 변화의 방향으로 나아갈 수 없다." 무엇보다 구리아는 세계 각국이 각자도생하는 방식으로는 코로나19 팬데믹 위기를 극복할 수 없음을 단호하게 지적했다. 특히 코로나19 치료제·백신 등 보건 관련 물자를 한쪽이 독점하거나 공유를 차단하는 방식으로 세계 질서가 흘러갈 가능성에 대해 경고했다.

각국은 물과 에너지, 교통, 통신 등 다양한 인프라스트럭처에서 상호 연결돼 있는 상황이다. 이런 복잡한 상호의존성을 무시하고 각자도생의 시대를 선택할 경우 자연재해와 사이버 공격 등 예기치 않은 위기 상황서 각국에 더 큰 연쇄충격을 가져오고, 대응 수준을 떨어뜨릴 것이라는 게 그의 염려다.

한편, 드라이브 스루 방식의 진단검사와 디지털 기술을 통한 감염자 추적으로 코로나19 팬데믹에 성공적으로 대응한 한국의 저력을 언급하며 국제사회에서 한국의 성공 사례가 확산돼 경제적 피해를 최소화할 수 있기를 기대했다. 그는 "함께 했을 때 우리는 더 많은 것을 배울 것이며, 함께 했을 때 우리는 더 큰 성공을 거둘 것"이라고 강조했다.

▌ 글로벌 리더십 부재, 격동기 20년 갈 것

마윈 알리바바그룹 창업자
1999년 알리바바그룹을 설립해 2013년 5월까지 회장 겸 CEO, 이후 2019년 9월까지는 회장으로서 알리바바그룹을 이끌었다. 현재 마윈은 세계경제포럼 이사회 구성원, 저장성 총상회 회장이자 중국기업가클럽 회장으로 활동 중이다. 2018년에는 유엔 사무총장 지명으로 디지털협력고위급패널의 공동 의장으로 임명되었다.

마윈 알리바바그룹 창업자는 "코로나19 바이러스 자체에 대해서는 크게 걱정하지 않지만 글로벌 리더십이 없어 국제협력이 부족한 것이 문제"라고 지적했다. 이러한 글로벌 리더십 부재로 "향후 20년 동안 전 세계가 격동의 시기를 맞이할 수 있다"고 전망했다. 그는 반기문 전 유엔 사무총장과 대담을 하며 "디지털 세계는 다양한 국적, 지역, 문화, 종교적 바탕을 가진 사람들끼리 서로 협력해야 하는 세상이지만 새로운 리더십까지는 시간이 걸릴 것"이라며 "마치 비행기가 구름을 뚫고 성층권에 진입하기 직전에 흔들리는 것처럼 곧 격동의 시기를 지나게 될 것"이라고 말했다. 반 전 사무총장도 "한 국가가 혼자서 코로나19 사태와 같은 세계적인 위기 상황을 해결할 수 없다"며 "모든 나라 지도자들이 함께 협력해야 한다"고 강조했다.

아이디어로 무장해야 미래의 승자

마윈은 교육의 중요성을 강조했다. 그는 "전 세계 수억 명에 달하는 학생들이 코로나19 바이러스 때문에 교육을 제대로 못 받고 있다. 학생들이 디지털 기술들을 이해하지 못한 채 방치된다면 해당 나라는 가망이 없을 것"이라고 말했다. 전 세계를 강타한 코로나 19 사태로 등교가 제한되며 학력 저하 문제가 현실화하고 있다는 지적이다. 그 어느 때보다 전 세계가 디지털 교육에 노력을 기울여야 한다고 강조한 것이다. 마윈은 "모든 나라의 모든 사람들, 모든 기업과 학교가 디지털로 전환되도록 노력해야 한다"며 "젊은 세대가 희망인데 그들이 이에 성공하지 못한다면 그 희망은 헛될 수밖에 없을 것"이라고 말했다. 그가 강조한 디지털 교육에는 단순히 지식을 전달하는 방식뿐만이 아니라 교육 콘텐츠도 포함된다. 인공지능을 비롯한 4차 산업혁명 시대를 통해 다가올 미래를 준비하는 교육이 이뤄져야 한다는 주장이다.

마윈은 "앞으로 30년 동안 디지털 시대가 가속화하면서 인공지능은 더욱 진화할 것"이라며 "지금 가르치는 것들이 시대에 뒤처진 지식이 될 수 있고, 이 상태가 지속된다면 결과적으로 우리 자녀들이 일자리를 가질 수 없게 되는 상황까지 갈 수 있다"고 우려했다. 이어 그는 "전 세계가 아주 조심스럽게 접근해야 할 문제가 '기술혁명'이며 만약 이것이 다음 세대 취업에 방해가 된다면 현재 교육 시스템을 개선해 기계보다 더 뛰어난 능력을 보유할 수 있도록 가르쳐야 한다"고 강조했다.

디지털 이코노미 확산으로 개도국·중소기업에 기회

디지털 이코노미의 확산은 개발도상국과 중소기업에 기회를 제공할 것이라고 마윈은 전망했다. 아울러 그는 전 세계가 직면한 환경문제도 교육을 통해 해결해야 한다고 강조했다. 반 전 총장이 이탈리아 정부에서 처음으로 기후변화와 관련된 교육을 초등학교부터 고등학교까지 필수 교육과정에 포함시켜 학생들이 최소 33시간을 수강하게 됐다고 언급하자, 마윈 창업자는 "이제는 인류와 환경 간 평화를 이뤄야 한다. 환경에 관련한 모든 이론을 유치원부터 시작해서 대학교 교육과정에까지 포함시켜야 한다"고 호응했다.

디지털 이코노미에 따른 일상생활 변화에 대해 마윈은 "완전히 가상공간에 의존하는 세상은 오지 않을 것이며, 결국 세상은 현실과 가상공간이 융합한 모습이 될 것"이라고 전망했다. 이어 그는 "가상공간 안에서 사람들이 좀 더 빠르게 소통하고, 투명하고 효율적으로 일할 수 있도록 돕는 방향으로 나아갈 것"이라고 말했다.

빈곤 퇴치, 기아 종식, 불평등 감소를 비롯한 기후변화 대응, 정의·평화·효과적인 제도 등 17개 지속가능개발목표SDG · Sustainable Development Goals에 대해서도 논의했다. SDG는 반 전 총장이 2015년 9월 유엔사무총장 재직 당시 2030년까지 국제사회가 함께 달성하기로 결정했던 것이다. SDG 달성을 위한 과정과 지금까지의 성과에 대해 평가해달라는 반 전총장의 질문에 마윈은 "열일곱 가지 SDG 목표 중에서 누가 어떤 목표에 더 집중할 것인지 역할을 나눌 필요가 있다"고 말했다. 그는 "예를 들어 내가 세 가지 목표를 맡아 책임지고 추진한다면 다른 사람이 또 다른 세 가지 목표를 맡을 수 있도록 나누는 방식을 통해 더 좋은 성과를 내는 것"이라며 "이렇게 하면 지지자들이 각자 더 책임감 있는 자세로 발전이 이뤄질 수 있을 것으로 본다"고 설명했다.

▎문제 해결할 국제기구의 필요성

티에리 드 몽브리알 프랑스 국제관계연구소 회장

프랑스 국제관계연구소와 세계정책회의의 설립자이자 회장이다. 1973~1979년까지 프랑스 외교부 소속의 자문 싱크탱크인 정책기획센터 초대 국장이었으며 이후 1993~2001년 전략연구재단의 회장도 역임했다.

제임스 갤브레이스 텍사스대 린든존슨공공정책대학원 교수

불평등을 연구하는 대표적 경제학자이자 행동하는 지식인으로 꼽힌다. 하버드대를 우등으로 졸업하고 예일대에서 석·박사학위를 받았다. 1996~2016년까지 평화·안보를 위한 경제학자 모임의 의장을 역임했다.

'중국은 국제질서를 어지럽히는 패권국가인가?' 국제 정치학의 대가들이 중국의 패권성을 두고 격론을 벌였다. 중국이 미국 중심 세계 질서를 뒤흔들고 있다는 주장과, 선진국들의 지나친 경계심이 중국을 자극하고 있다는 주장이 팽팽히 맞섰다.

티에리 드 몽브리알 프랑스 국제관계연구소 회장은 "중국 시진핑 주석은 엄청난 권력을 휘두르며 세계 1위 국가가 되려고 한다"고 포문을 열었다. 그는 "중국 당국은 세계열강에 시련을 당한 19세기를 굴욕의 세기라고 공공연히 주장한다. 공산당 집권 100주년인 2049년까지 경제·정치·사회·국제관계 등 모든 분야에서 미국에게 앞서려고 노력할 것"이라 진단했다.

제임스 갤브레이스가 곧바로 '중국 패권 야욕설'을 전면 반박했다. 갤브레이스는 "중국이 1등 국가가 되기 위해 야욕이 있다는 주장에 회의적이다. 국제질서에 편입하려는 노력일 뿐 미국을 견제하려는 시도는 아니라고 본다"고 했다. 오히려 미국을 비롯한 선진국

에서 지나치게 중국을 압박하는 바람에 국제관계 긴장이 높아지고 있다는 주장이다. 그는 "이번 코로나19가 중국에서 발생했다고 해서 모든 걸 그들에게 뒤집어씌울 수 있는 건 아니다. 그런 논리라면 에볼라 바이러스는 서아프리카 국가들의 탓으로 돌려야 할 것"이라고 말했다.

토론에 참가한 류진 풍산그룹 회장은 몽브리알의 손을 들어줬다. 류 회장은 "중국은 지난 5,000년 동안 국력이 성장할 때마다 한반도에 영향력을 행사하기 위한 작업을 꾸준히 해왔다"면서 "중국이 세계 패권에 관심이 없다고 얘기하는 건 순진한 생각"이라고 비판했다. 중국의 패권적 성격에 대해서는 입장이 엇갈렸지만, 지금의 갈등 구조는 거시적인 국제협력을 통해 해결해야 한다고 입을 모았다.

대런 애쓰모글루 교수는 "소득불평등·팬데믹 등을 해결하기 위해 국제적인 정책 협력이 있어야 한다"고 강조했고, 몽브리알은 "1997년 아시아 금융위기를 IMF라는 국제질서로 해결했듯, 발 빠르게 해결할 중립적 세계기구가 필요하다"고 했다. 류 회장은 "부시 전 미국 대통령이 주도한 G20 정상회담처럼 많은 국가들이 한 데 모여 다양한 현안들을 나눌 수 있는 창구가 필요하다"면서 "G30 모델을 고안해 볼 수 있을 것"이라고 주장했다. 갤브레이스는 "기후변화에 공동 대응 할 수 있도록 그린 뉴딜 등 정책 공조가 필요하다"면서 "공공역량을 복원하는 것이 결국 가장 중요한 열쇠"라고 강조했다. 그는 "그 첫 번째 단계는 중국, 브라질, 인도, 러시아 등 국가들과 선진국 간 국제적인 화해 과정이 필요하다"고 했다. 신뢰의 회복만이 정책 공조를 가능하게 하기 때문이다.

하지만 국제관계의 갈등이 임계치에 달한 상황에서 다자주의의 재건은 쉽지 않을 것이란 전망이 이어졌다. 몽브리알은 "현실주의자로서 국제문제를 해결할 수 있는 거버넌스 구축은 쉽지 않을 것"이라고 비관적 의사를 표했다.

최근의 팬데믹 상황으로 협력의 길은 한층 더 멀어졌다. 선진국에서 코로나19에 대한 중국 정부 책임 공세를 강화하고 있기 때문이다. 또 어려워진 경제 상황도 갈등을 키우고 있다. 갤브레이스는 "팬데믹은 세계 경제의 구조적인 취약점을 드러냈다. 코로나19 이후 전 산업 분야가 입은 타격에서 회복하기 쉽지 않을 것"이라고 했다. 또한 그는 "선진국들은 이번 사태를 견딜 여력이 조금이라도 있겠지만, 개발도상국에서는 더 심각한 상황에 빠졌을 것"이라 예상했다. 백신이 나오더라도 세계경제는 회복되지 않을 것이라는 진단이다.

글로벌 리더십이 사라진 것도 사태를 악화시켰다. 몽브리알은 "2차 세계대전 이후 세계 경제는 미국 주도로 재건됐지만, 지금은 미국의 리더십이 완전히 사라졌다. 팬데믹을 책임져야 할 세계보건기구 역시 무력하기는 마찬가지"라고 말했다.

2
신냉전 눈치게임,
묘수를 찾아라

| 미·중 신新경제냉전

위훙췬 차하얼학회 수석 선임 연구원
중국 동북사범대에서 학사 및 석사학위를 취득하고 중국 인민대에서 법학 박사학위를 받았다. 현재는 중국 인민대와 중국 인민해방군국방대 부교수다. 특명 전권 대사로서 우즈베키스탄에서 근무했고, 현재는 중국인민평화군축협회 부회장으로 재임 중이다.

홍익표 더불어민주당 국회의원, 민주연구원장
대한민국 더불어민주당 3선 국회의원으로 현재 국회 기획재정위원회 소속이다. 이전 두 차례의 임기 중 행정안전위원회와 산업통상자원위원회 간사를 지냈다. 민주당 정책위원회 수석부의장과 민주당 수석대변인, 2017년 문재인 후보 선거대책위원회 수석대변인을 역임했다.

홍익표 더불어민주당 의원은 "G2를 넘어서는 새로운 리더십이 필요하다"고 강조했다. 특히 홍 의원은 "다자주의가 약해지며 현재 UN의 역할은 이전의 다른 팬데믹 사태 때보다 제한적으로 변했다.

우리나라가 포함된 G20이 중요한 역할을 하며 집단적 리더십·새로운 리더십을 만들어야 한다"고 말했다. 현재 G2로 꼽히는 미국과 중국의 리더십이 부재해 새로운 리더십이 필요하다는 뜻이다. 홍 의원은 "경제나 외교안보 같은 전통적 분야에서 G2를 대신할 수는 없겠지만 공중보건·기후변화·빈곤퇴치·여성인권 분야 등 비전통적 분야에서는 G20에 속한 어느 나라든 리더십을 발휘할 수 있다"고 말하며 'K-방역'을 한 사례로 꼽았다.

홍익표 더민주 국회의원을 비롯해 위훙쥔 전 중국 공산당 대외연락부 부부장, 모리모토 사토시 전 일본 방위상, 에이브러햄 덴마크 우드로 윌슨 국제학술센터 선임연구원 등 한·미·일·중 4국 전문가들이 의견을 나눴다. 코로나19 이후 국제질서가 어떻게 바뀔지가 토론 주제였다.

에이브러햄은 "코로나19 팬데믹은 국제사회가 기존에 가지고 있던 문제점을 가속화시키는 역할을 했다"며 "아시아·태평양 지역에선 미국 리더십에 의구심을 품게 되고, 중국은 국제사회의 신뢰를 잃었다"고 평가했다. 또 "미·중 경쟁 구도는 악화될 것"이라고 덧붙였다. 현재 상황을 신냉전이나 문명 충돌로 볼 수 있냐는 질문에는 "미·중 경쟁은 새로운 냉전도 아니고 문명 충돌도 아니다"라고 답했다. 그는 "미국과 소련 간의 냉전이 군사적 경쟁·이데올로기적 갈등이었다면 현재는 미국과 중국이 정치·경제적으로 서로 영향을 주고 있다"며 "지금의 경쟁은 강대국 간 경쟁으로 봐야 한다"고 말했다.

신냉전에 대해 모리모토는 "미국과 소련 사이의 냉전에는 진영

이 존재했지만 지금은 친미, 친중, 친러 등 명확한 입장을 택하지 않는 것이 특징"이라고 설명했다. 과거 냉전과는 다르게 긴밀한 경제적 협력이 유지되고 있다는 점도 중요하다. 모리모토는 "이전 냉전과는 다르게 지금은 긴밀한 경제적 교류가 존재한다. 세계화된 상황에서는 경제적 힘이 정치적·군사적 힘만큼이나 중요해졌다"고 말했다. 국제사회에서의 역할을 지키려면 국내 안정성을 지키며 경제적 힘을 잃지 않도록 해야 한다는 당부도 덧붙였다.

홍 의원은 한국이 나아가야 할 외교 방향에 대해 "한미 동맹은 선택의 문제가 아니고 필수적 요소다. 동맹관계는 상호주의기 때문에 일방적으로 우리가 혜택을 보는 것도, 미국이 시혜를 베푸는 것도 아니다. 존중과 배려가 필요하다"고 언급했다. 최근 발생한 미·중 무역 분쟁에 대해선 "미국이 글로벌 가치 체계를 흔들고 있다. 5G 등 뉴 테크놀로지에서 중국과의 관계를 끊어내려고 하는데 글로벌 가치 체계를 뒤흔들 수 있다"고 언급했다.

한·일 관계에 대해서도 "현재 일본은 스가 신임 총리가 선임됐는데 역사·영토 문제로 대립하는 것은 양국과 동북아 모두에게 좋지 않다. 민간 차원에서 역사 문제를 논의하되 양국 간의 공식 라인은 빨리 회복해야 한다"고 의견을 밝혔다. 에이브러햄은 "많은 국가들이 중국과 미국 사이에서 어려움을 겪고 있다. 압박을 행사해 둘 중 하나를 선택하게 만드는 것은 실수다. 반감을 얻게 될 것"이라고 의견을 밝혔다.

┃ 끝이 보이지 않는 미·중 통상 분쟁

제프리 숏 피터슨국제경제연구소 선임연구원

국제 무역 정책과 경제 제재 분야를 담당하고 있다. 1986~1988년까지는 미국 조지타운대에서, 1994년에는 프린스턴대에서 학생들을 가르쳤고, 1982~1983년까지 카네기 국제 평화재단의 수석 연구원으로 활동했다.

엔리코 레타 제55대 이탈리아 총리

제55대 이탈리아 총리로 이탈리아의 대표적인 정치인이다. 그는 민주당과 자유국민당, 중도연합이 뭉친 연립정부를 구성하고, 2013년 4월 28일 이탈리아 총리에 취임했으며 2014년 2월까지 재임했다.

올해 들어 다소 안정될 것이라고 기대됐던 미·중 통상관계는 코로나19 사태 이후 최악으로 치달았다. 전문가들은 미국과 중국의 분쟁이 미국 대통령 선거 이후에도 계속될 것으로 전망하고 있으며 통상분쟁의 근본적인 이유로 중국의 개도국 지위 유지, 지식재산권 침해 및 첨단기술 강제 이전, 국가 자본주의 등을 들고 있다. 그러나 이러한 문제를 효과적으로 논의하고 해결책을 찾는 수단이 마땅치 않다.

유럽연합, 미국, 중국, 한국의 통상전문가와 세계무역기구 사무차장이 모여 통상분쟁이 세계무역에 미치는 영향, 특히 미국의 화웨이 제재로 대두되고 있는 미·중 간 산업상 디커플링Decoupling(탈동조화) 가능성을 논의했다. 나아가 미래 글로벌 통상 거버넌스 구축에 있어서 새로 선출되는 세계무역기구 사무총장의 역할에 대한 토론자들의 의견도 개진됐다.

제프리 숏은 "미·중 통상관계는 안타깝게도 이 상태가 앞으로 지속될 것"이라며 "미국이 중국의 교역량 중 3분의 2에 고율 관세를 부과하고 첨단제품에는 더 많은 제재를 가하고 있는데, 일본과 한국에게도 그 여파가 미친다"고 말했다. 이어 "중국도 대미 제재를 적용 중인데 홍콩 체류 미국 기업인에게 적용되고 있다. 양국의 분쟁으로 인해 국수주의가 부상하고 있으며 보호주의로 나아가고 있다"고 우려했다.

최병일 이화여대 국제대학원 교수는 "화웨이가 미국 반도체 생태계에 의존하지 않는다면 화웨이의 미래는 불확실하다"며 "실리콘밸리는 전 세계에 두 곳이 있는데 하나는 미국 샌프란시스코에, 나머지 하나는 중국 선전에 있었다. 테스트베드Testbed(신기술의 상용화 전 테스트 단계)나 스케일업Scale-up(규모 확대)을 하려고 했을 때 실리콘밸리에서 못 하는 것을 선전에서 했지만 이제 이런 글로벌 생태계는 끝이 날 것으로 보인다"고 말했다.

이어 "호주나 한국은 양자택일을 해야 할 것인데 중국을 선택할 확률은 낮다"며 "중국이 이를 타계하기 위해서는 좀 더 수용적인 정책이 필요하다"고 덧붙였다. 최 교수는 "제3국이 미국이냐 중국이냐를 선택할 때 안보냐 경제냐를 고려할 것이다"며 "작년 말까지 영국은 안보 우려에도 경제적 이유를 들어 화웨이를 선택했지만, 코로나19와 홍콩 사태로 선택을 달리했다"고 설명했다.

투 쉰취안 베이징 대외경제무역대학 세계 연구센터장 겸 교수는 "세계무역기구 규정에 꼭 시장 경제를 하라는 건 없다"며 "미국은 중국을 개발도상국으로 여긴 적도 없고 중국이 개도국 혜택을 본 것도 없다"고 말했다. 이어 "세계무역기구 내에서 보조금 지급으로 인한 갈등이 있지만 사실 중국을 선진국으로 대우하라는 건 중국인들이 못 받아들인다"며 "세계무역기구는 중국이 더 개방된 체재로 가도록 하는 좋은 플랫폼이고 미국은 세계무역기구의 분쟁해결 시스템을 따라야 한다"고 말했다.

이재민 서울대 교수는 "지금은 양국 간 협상하거나 아니면 바로 분쟁해결 기구로 가는 두 가지밖에 없다. 중간 단계가 있지 않을까 생각하는데 정치적인 동기가 있을 수도 있다면 1.5단계 중재를 신설해야 한다"고 말했다. 버나드 호크만 유럽대학연구소 학장은 "어떠한 행동이 의미가 있다면 100% 지지 없어도 관철시켜야 한다"며 "게임의 룰을 정리해서 꼭 다자간 협의와 같은 대우를 받을 수 있도록 해야 한다"고 말했다.

엔리코 레타 전 이탈리아 총리는 "미국 공화당과 민주당의 대중국 정책은 비슷하지만 세계무역기구나 다자주의에 대한 건 다르다. 분쟁해결 절차에 대해서도 입장이 다르다. 걱정되는 건 사람은 본능적으로 위기 상황에서 보호주의로 쏠리는데 이게 두렵다"고 말했다. 그는 "팬데믹이 보호주의를 야기한다는 게 희소식일 수 없다"며 "정치적으로도 그렇고 학계도 그렇고 우리 모두가 협력해야 한다. 보호주의로 빠지면 안 된다"고 말했다.

▌미국 대선 이후 복잡해진 외교 셈법

프레더릭 켐프 대서양위원회 회장 겸 CEO

2007년 그가 취임한 이래로 대서양위원회는 규모와 영향력 측면에서 가장 역사적인 성장을 기록하며 업계를 대표하는 기관으로 거듭났다. 켐프 회장은 대서양위원회에 합류하기 전, 〈월스트리트 저널〉에서 25년 이상 기자이자 편집자로 활동했다.

폴라 도브리언스키 전 미국 국무부 차관

대외정책 전문가이자 전직 외교관으로 국가 안보 문제에 정통하다. 그는 하버드대 케네디 스쿨 벨퍼센터의 대서양 위원회 스카우크로프트센터 부센터장이기도 하다. 2001년부터 2009년까지 미국 국무부 차관을 역임했으며 미국 기후변화 정책의 대표 협상가이자 헤드로도 활동했다.

"미국 대선 결과에 따라 미·중 양국 관계는 새로운 기회를 맞이할 것입니다." 미국 국제정치 전문가들은 향후 미·중 관계가 미국 대통령 선거로 새로운 전환점을 맞이할 것이란 전망을 내놨다. 프레더릭 켐프 회장과 폴라 도브리언스키 전 미 국무부 차관은 "모든 분야에서 양국 간 경쟁 관계가 임계치에 달했다. 미국 대선이 향후 관계 방향을 결정할 것"이라고 입을 모았다.

이들에 따르면 현재의 미·중 갈등은 '역사상 전례가 없는 일'이다. 쿠바 미사일 사태, 소련과의 냉전처럼 안보 분야에서의 위협은 종종 있었다. 하지만 지금은 경제·안보·국제협력 등 모든 분야에서 중국이 미국을 위협하고 있다. 켐프는 "미국 행정부에서도 이 갈등을 어떻게 조절해야 하는지 해법을 못 찾고 있는 상황"이라고 진단했다. 도브리언스키는 "중국이 국제사회에서 미국의 영향력을 최소화 하고, 민주주의 가치를 흔들기 위해 경쟁의 밀도를 높이고 있다"

고 했다.

코로나19로 미·중 갈등이 더욱 첨예해져 동맹국은 기로에 놓였다. 중국과 경제 협력의 밀도가 매우 높은 상황이기 때문이다. 도브리언스키는 미국이 동맹국과의 연결고리를 더욱 촘촘히 할 것으로 내다봤다. 그는 "많은 선진국들이 코로나19 사태 이후 중국과의 경제 협력을 재고하고 있다. 정치적으로 투명성이 부재하고, 화웨이 제재에서 보듯 국제정치 질서에 따라 시장이 쉽게 영향을 받기 때문"이라고 했다.

미국은 2020년 5월부터 화웨이에 대한 2차 제재에 들어갔다. 미국 기술을 침해한 화웨이의 반도체를 대만 반도체 위탁생산 업체인 TSMC가 생산하지 못하도록 규제했다. 화웨이는 해외 반도체 기업과의 연결고리가 모두 단절됐다. 미국이 가장 강도 높은 규제를 선택한 것이다.

전문가들은 한국을 코로나19에 잘 대응하고 있는 국가로 치켜세우며, 미국과의 협업 접점을 늘려야 한다고 주장했다. 도브리언스키는 "코로나19 사태 앞에서 한국과 미국은 보건 분야의 경험을 공유할 창구를 마련해야 한다"면서 "경제·안보 관계처럼, 홍콩·티베트·위구르 등 중국 인권 문제에 있어서도 협력할 수 있을 것"이라고 했다. 중국은 현재 국제사회로부터 소수민족을 탄압하고 있다는 의심을 받고 있다. 인권단체들과 유엔 인종차별철폐위원회 측은 신장위구르자치구 내 약 100만 명에 달하는 위구르족과 다른 소수 민족 이슬람교도들이 '재교육 수용소'에서 재교육을 받는 것으로 추정한다. 트럼프 미국 대통령은 2020년 6월 신장위구르자치구 내 소수민족 탄압에 책임이 있는 중국 당국자들을 제재할 수 있도록 하는 내용의 '2020년 위구르 인권정책 법안'에 서명한 바 있다. 최근에는 신장위구르에서 생산한 물건을 수입 금지하는 조치도 잇달아 강행하고 있다.

켐프는 "미국의 동맹국들은 중국과의 전쟁을 원하지 않는다"면서 "동맹국들은 강경한 미국에 난처한 상황일 것"이라고 했다. 그는 "트럼프 행정부는 이웃국가와의 불필요한 분쟁을 일으켜 왔지만, 향후 국제질서에서는 한국을 비롯한 동맹국과 협력을 강화하는 것만이 자유경제 질서를 지킬 수 있는 방법"이라고 조언했다.

하지만 미국이 원하는 한·미·일의 견고한 동맹체제는 요원한 일로 보인다. 한·일 양국 간 갈등이 계속해서 첨예해지고 있기 때문이다. 일본에서는 아베 총리 이후 스가 총리가 뒤를 이었지만, 그는 '아베 주니어'로 통할 정도로 아베 정책을 그대로 계승할 전망이다. 한·일 간 갈등이 지속된다는 의미다. 켐프는 "미국은 무엇보다 중국을 고립시키기 위해 한·미·일의 끈끈한 동맹관계를 구축하고 싶어한다"면서도 "현재의 한·일 관계는 이를 더욱 어렵게 만들고 있다"고 했다. 그는 "스가 총리 집권이라는 큰 변화가 있었지만, 외교정책에서는 큰 변화가 없을 것으로 보인다"고 전망했다.

▎신냉전 속 기로에 선 한국 외교

에드윈 풀너 헤리티지재단 창립자

미국의 보수 성향 싱크탱크인 헤리티지 재단 창립자이며, 현재 아시아연구센터 회장을 맡고 있다. 1977~2013년까지 헤리티지 재단 이사장으로 일하며 정부의 정책 결정에 막대한 영향력을 끼쳤다. 로널드 레이건 행정부의 공산권에 대한 압박 정책인 레이건 독트린의 핵심 지원자로 평가받았다.

추궈훙 전 주한 중국대사

전 주한 중국대사로 상하이외국어대를 졸업한 후, 중국 외교부에서 근무하기 시작했다. 2011~2014년까지 외교부 대외안전사무국 국장을 지냈고, 주한 중국대사를 역임했다. 2020년 6월 차하얼 연구소 동북아 수석 연구원으로 초빙됐다.

미국 대선 이후의 미·중 관계에 대한 양국 외교전문가 견해가 일치했다. 누가 되든 현재의 갈등관계는 지속되며, 오히려 증폭될 가능성이 높다는 것이다. 정치적·경제적 충돌이 점차 이념적으로 번지면서 이른바 신냉전 상황의 도래가 불가피하다는 우울한 전망이다.

에드윈 풀너 헤리티지 재단 회장은 "트럼프 대통령이 재선에 성공하든, 바이든 후보가 당선되든 수십 년 동안 양국의 대립은 진행될 것"이라며 "정상적인 판단기준을 넘나드는 트럼프 대통령에 비해 바이든 후보는 좀 더 예측 가능성이 높다는 차이가 있지만, 큰 틀은 비슷하다"고 내다봤다. 그는 "20년 전 중국이 세계무역기구에 가입한 뒤 미국으로 최혜국 대우를 받았고, 선진국에 비해 관대한 개발도상국 기준을 적용받으며 여러 혜택을 봤다"며 "우호적이었던 과거의 정상 상태로 돌아가기는 어렵다"고 말했다.

이런 전망은 추궈훙 전 주한 중국대사의 전망과도 일치한다. 그는 "트럼프 대통령이 재선에 성공하든 새로운 민주당 대통령이 취임하든 중국을 주요 상대로 간주한다는 점은 동일하다"며 "중국에 대한 봉쇄는 지속적으로 확대될 가능성이 매우 높다"고 전망했다. 다만 그는 "중국과 미국 간의 새로운 냉전은 불가피한 게 아니다"며 "미·중 경쟁의 성격이 과거 미국과 소련의 냉전시기와는 다르다"고 말했다.

NATO(북대서양 조약기구)나 바르샤바 조약기구처럼 군사 블록 간 충돌 양상이 없고, 무엇보다 양국의 경제 의존성이 높다는 게 근거다. 추궈훙은 "냉전의 두 세력은 각각 여러 동맹 국가들과 함께 군사 블록을 형성했고, 2개의 블록은 경제적으로 서로 독립적이었다"고 말했다. 이어 "중국은 구소련과 같은 동맹 기반의 군사 블록이 없다. 더 중요한 것은 중국과 미국이 경제적으로 고도로 통합돼 있고 둘 다 세계 경제의 중요한 부분이라는 것이다"라고 말했다.

그러나 미·중 갈등은 정치·경제적 차원의 갈등을 넘어 이념적 갈등으로 번질 전망이다. 특히 미·중 양국 사이에서 한국은 어떤 '가치'를 지지할 것인지 기로에 선 것으로 보인다. 풀너는 "한국과 미국은 같은 배를 탔다. 미래를 내다봤을 때 법치주의·투명성·자유 경쟁 체제·개인의 자율적 결정이라는 공통가치가 한·미 관계를 긴밀하게 만들 수 있다"고 말했다.

추궈훙은 "미국이 대만·신장·티베트와 같은 문제에 대한 중국의 핵심 이익에 지속적으로 도전한다. 외교적으로 민주주의·자유·인권을 명분으로 중국을 고립시키고 경제적으로는 무역 전쟁·기술 전쟁을 걸었다"고 주장했다. 군사적으로는 남중국해 문제 등으로 중국을 군비 경쟁으로 끌어들인다는 게 그의 생각이다.

다만 두 사람은 지역적 갈등의 위험성을 배제할 수 없지만, 본격적인 군사 대결로 나아가지 않을 가능성이 높다고 내다봤다. 또 경제적 측면에서 미·중 양국의 분리 또한 불가능하다고 내다봤다. 추귀홍은 "일부 미국 정치인들은 미국 달러 결제 시스템에서 중국을 제외하는 등 미국 경제와 중국 경제를 완전히 분리하는 생각을 하지만 현실적이지 않다. 중국을 제외하면 기축 통화로서 달러의 지위를 해칠 뿐만 아니라, 미국의 핵심 이익을 해치는 것"이라고 말했다.

▌ 미·중, 한·미 관계의 미래 50년

조지 프리드먼 지오폴리티컬퓨처스 설립자 겸 회장
조지 프리드먼 박사는 세계적인 지정학 예측 전문가이자 국제문제 전략가, 뉴욕타임스 베스트셀러 작가이다. 세계 사건들을 전문적으로 예측하는 온라인 매체이자 컨설팅사인 지오폴리티컬퓨처스를 설립하고 주도했다.

"2040년에 중국이 미국을 뛰어넘어 부상할 가능성이 보이기는 하지만, 현재 상황을 보면 현실성은 낮다."

'국제 관계학의 노스트라다무스'라 평가받는 조지 프리드먼 지오폴리티컬퓨처스 회장은 제21회 세계지식포럼 최종현학술원 '다가올 50년' 세션에서 이같이 전망했다.

'다가올 50년' 세션은 코로나19 여파로 온·오프라인을 결합한

하이브리드 형태로 진행된 2020년 세계지식포럼에서 연사들이 모두 오프라인으로 참여해 진행된 몇 안 되는 세션 중 하나였다. 프리드먼 회장을 비롯해 좌장을 맡은 박인국 최종현학술원장과 에스코 아호 전 핀란드 총리, 조셉 윤 전 미국 국무부 대북정책 특별대표, 김병연 서울대 경제학과 교수 등이 모두 함께 연단에서 세션을 진행했다.

전 세계는 제2차 세계대전 후 미국이 주도하는 세계질서 속에서 다양한 글로벌 공공재를 공급받으며 전례 없는 평화와 번영을 누려왔다. 코로나19 팬데믹으로 각국의 국경봉쇄와 글로벌 공급망 침체가 이어지는 가운데, 코로나로 인한 지각변동이 국제질서의 구조적 전환을 통한 영구적 변화로 이어질지, 혹은 일시적인 충격에 그칠지에 대한 관심이 쏠리고 있다.

박인국 원장은 "알베르트 아인슈타인은 '미래를 알고 싶으면 과거를 보라'고 이야기 했다. 그래서 100년 전을 돌이켜 보면 1918년 스페인 독감으로 인한 대재앙으로 사회가 흔들린 후 코로나19로 전 세계는 전례 없는 도전과제에 맞닥뜨리게 됐다. 50년 전을 생각하면 1971년 당시 닉슨 미국 대통령과 헨리 키신저 국무장관이 중국을 방문해 '핑퐁외교'로 미·중 시대가 열리기 시작했지만, 최근에는 중국의 부상으로 인한 미·중 갈등이라는 새로운 도전과제를 맞이하게 됐다"고 설명했다.

아인슈타인의 생각에 동의를 표한다고 밝힌 프리드먼은 "20세기 이후를 20년 단위로 끊어서 살펴보면, 예상대로 진행된 것은 아무것도 없다. 1900년대에는 유럽이 전 세계 패권을 갖고 있었고 이

것이 지속될 것으로 예상했지만, 1920년 세계대전이 일어나며 유럽은 몰락했다"고 설명했다. 이어 "2020년 현재 중국이 더욱 부상하고 미국은 쇠락할 것이며, 중국이 미국을 뛰어넘을 것이라는 예상이 많다. 그러나 내 생각에 중국은 이미 정점에 오른 것 같다. 중국의 단점을 감안했을 때 앞으로 훌륭한 성과를 거둘 가능성은 낮아 보인다"고 강조했다.

프리드먼은 1990년대 구소련의 몰락을 예로 들며 모든 국가는 흥망성쇠를 거치게 돼 있다고 주장했다. 그는 "정점에 오르던 국가는 쇠락하기 마련이며, 얼마나 높은 점까지 올라갔다 내려갈지의 차이가 있을 뿐"이라고 설명했다.

에스코 아호 전 핀란드 총리는 "1990년대 초에 '구소련과 중국 중 누가 미국에 도전장을 낼 수 있겠냐'를 두고 내기를 한다면 누구도 중국에 배팅하지 않을 정도로 모든 면에서 구소련이 중국보다 압도적이었다. 하지만 나중에는 그게 아니었다는 걸 확인할 수 있게 됐다"고 설명했다.

조셉 윤 전 대표는 "1990년대 냉전이 종식되면서 미국이 유일한 강대국이 됐지만, 강대국이 되는 시점부터 쇠락기가 진행됐다. 중동에서 전쟁을 치르며 미국은 많은 비용을 들였고, 희생자가 나오는 과정을 거치면서 지쳐가고 있다. 자원과 기술, 지식을 보유하고 있지만 최고봉을 유지하겠다는 의지 자체가 줄어들고 현실에 안주하게 됐다"고 설명했다.

아호 전 총리는 다가올 미래에 과학과 기술에 투자할 수 있는 국가들이 승자가 될 것이라고 전망했다. 그는 "유럽은 필요한 기술에 적절한 투자를 하지 못한 과거의 시행착오가 있어 현재 대가를 치르고 있다. 미국과 중국은 디지털기술 분야에 상대적으로 훨씬 많은 투자를 해서 현재 그 결과를 누리고 있다"고 설명했다.

중국보다 일본의 패권화가 더 위협적

프리드먼은 중국보다 일본의 세력화가 향후 글로벌 패권전쟁에서 더 위협적이라고 일갈했다. "일본은 중국보다 직지민 세계를 상대로 해전을 벌인 경험이 있고, 경제·사회적으로 훨씬 안정됐다"며 "반대로 중국은 이런 종류의 전쟁을 치른 역사가 없으며 지역통합의 복잡성, 경제·사회 불안이 훨씬 크다"고 강조했다. 일본이 글로벌 3위의 경제대국으로 성장하면서 다양한 경제 위기를 극복한 경험을 축적하고 있음을 거듭 강조하며, 그는 "기술력에서도 일본의 잠재력은 중국보다 훨씬 크다"고 평가했다.

그는 스가 신임 총리가 바꿀 일본의 정치·경제·안보 변화상에 대해 "지정학은 크게 90~100년의 변화상을 내다보는 것으로, 유한한 임기의 스가 총리는 큰 변수가 되지 않는다"고 말했다. 이보다는 미국과 중국 사이에서 서로 다른 결로 다양한 압박을 느끼는 일본이 어떤 선택을 하는지에 대해 유심히 지켜봐야 한다는 게 그의 지적이다. 예컨대 섬나라인 일본은 지리적 한계로 인해 미국의 절대적 영향력과 감독 하에 외부로부터 다양한 원자재를 수입해 쓰고 있다. 지리적 특성에서 기인하는 이 같은 일본의 구조적 한계와 불만을 한국이 간파하고 향후 아시아 태평양 지역의 패권 변화를 읽어내야 한다는 것이다.

미국 대선, 누가 당선돼도 대對중국 강경노선 불변

프리드먼은 민주당 조 바이든 후보의 당선을 예상하며 "조 바이든이 대통령이 돼도 트럼프 대통령이 구축한 대중국 강경정책은 바뀌지 않을 것"이라고 말했다. 통치권자 교체가 미국의 대중국 정책을 되돌리기에는 기존 정책의 영향력이 너무 강력하고, 이에 호응하는 대중의 여론도 압도적이라는 의미로 풀이된다.

그는 트럼프 대통령이 2016년 대선에서 승리한 배경 중 하나가 대중국 압박 어젠다를 활용한 결과라고 평가하기도 했다. 힐러리 클린턴 후보가 보지 못한 대중의 요구를 파악했기에 지금 이 자리에 올라설 수 있었다는 것이다. 프리드먼은 "중국과 관련한 문제가 미국 경제에 부분적으로 원인을 제공한 것들이 있는데, 힐러리는 아무런 조치를 취하지 않았다. 2016년 대선에서 트럼프는 미국의 위기에 어떤 문제가 반영돼 있는지를 알았고, 힐러리는 이를 이해하지 못했던 차이가 있었을 뿐"이라고 평가했다.

프리드먼은 미·중 간 패권전쟁의 결말에 대해서도 주저 없이 답변했다. 그는 미·중 전쟁의 결론이 미국의 승리로 끝날 것이라고 확신했다. "중국이 미국으로부터 거센 통상압박을 받는 이유는 중국 역시 수출 의존 국가로 대미 의존도가 그만큼 심각하기 때문이다. 대미 무역흑자는 역으로 그만큼 미국 경제에 대한 중국의 의존도가 크다는 뜻이고, 미국 정부는 이 문제에 적절히 대응하고 있다." 그는 미국의 파상 공세를 받고 있는 중국이 이 같은 한계를 스스로 뚜렷하게 인식하고 있다고도 설명했다.

한국, 방위비 협상서 이기려면 미국의 약점 파고들어야

프리드먼은 첨예한 한·미 방위비 협상 문제를 진단하며 한국에 조언을 아끼지 않았다. 한국정부를 상대로 "미국을 대하려면 '미국이 한국에 내세울 수 있는 강점과 약점이 무엇인지'부터 명확히 이해하는 게 중요하다"고 지적했다.

그의 눈에 한국이 미국과 협상 테이블에서 발휘할 수 있는 레버리지, 즉 미국의 약점은 바로 '미국이 한반도의 인정을 원한다'는 것이다. 그는 "미국은 방위비 부담 수준을 높이기 위해 한국과의 협상에서 '미국은 한반도의 안정을 원한다'는 태도를 애써 중요하지 않게 취급할 것"이라고 전했다. 역설적으로 한국을 상대로 미국이 가진 강점 역시 '미국은 한반도의 안정을 원한다. 그러나 그것은 당면한 긴급한 이슈는 아님'을 강조했다. 이 같은 협상의 배경 조건들을 토대로 한국 정부가 주한미군의 미국 본토 방어비용 등을 꼼꼼히 따져서 대응해야 한다는 취지다.

프리드먼 회장은 그럼에도 불구하고 미국이 한국에 상당한 부담을 부과할 것임을 예상했다. 그는 "독일을 보자. 한국과 독일의 미군 주둔 규모와 비용 관리는 1950~60년대 기준에서 지난 60여 년간 바뀌지 않고 존속돼 온 것이다. 더구나 독일은 NATO에도 배신행위를 하고 있다"고 말했다. 트럼프 행정부는 주독 미군 규모를 최대 5만 2,000명에서 2만 5,000명으로 줄이겠다고 결정했다. 트럼프 대통령은 "독일은 NATO에 아주 많은 체납을 하고 있다. 독일은 GDP의 2%를 방위비를 내기로 돼 있지만 1%밖에 지불하지 않는다"라고 강하게 불만을 터뜨리기도 했다.

3

복지국가 3.0

▌격동의 세계 속 큰 정부, 큰 시민사회

대런 애쓰모글루 MIT 교수
MIT의 응용경제학 교수인 대런 애쓰모글루는 외교전문지 〈포린 폴리시〉가 뽑은 100명의 글로벌 사상가에 두 차례 이름을 올렸고, 키엘 인스티튜트가 주관하는 2019년 글로벌 이코노미 프라이즈의 수상자이기도 하다.

"팬데믹 이후 국가는 필연적으로 더 커질 것이다. 시민사회가 이를 충분히 견제하지 않는다면, 국가는 '전제적 리바이어던'에 빠질 수 있다. 민주주의에 대한 위협에 맞서 민간의 힘으로 관리 통제가 이뤄져야 하는 이유이다."

대런 애쓰모글루 미국 MIT 교수는 현재를 "전 세계 민주주의가 점점 위협받고 있는 상황"이라고 진단했다. 세계적인 베스트셀러 《국가는 왜 실패하는가》의 저자인 그는 "2006년 이후부터 많은 국가들이 민주주의에 등을 돌리고 있다"면서 "점점 많은 국가들이 독재성향으로 치닫는 상황"이라고 우려를 표했다.

그는 민주주의의 근간을 갉아먹는 요소로 불평등을 꼽았다. 산업의 자동화 이후 근로자 간 소득 격차가 확대되면서, 사회 안전성이 더욱 불안해졌다는 진단이다. 제2차 세계대전 이후 40년 동안 근로자 임금은 지속적으로 상승했지만, 1987년부터 정체에 빠졌다. 애쓰모글루는 "미국과 유럽은 로봇 도입으로 노동수요가 급격하게 줄었다"면서 "부정적인 영향으로 교육 수준이 낮은 저소득 근로자의 고용 불안정성이 커졌다"고 말했다. 현재 세금 제도는 자동화 경향을 부채질했다. 세계화로 조세회피 수단이 많아졌고, 자동화 시설에 대한 실질 세금도 많이 낮아졌기 때문이다. 애쓰모글루는 "과거에는 생산설비나 장비의 실질세율이 15%에 달했지만, 2000년도 들어서는 5%로 대폭 줄어든 추세를 보였다"고 분석했다.

물론 산업의 자동화가 절대악惡인 것만은 아니다. 고령화 사회에서는 생산성을 높여 국가 성장의 동력이 될 수 있다. 애쓰모글루는 자동화를 잘 활용한 국가로 독일·일본 그리고 한국을 꼽았다. 그는 "고령화에도 한국과 일본의 경제 성장이 양호한 이유는 자동화가 생산성에 기여한 덕분"이라고 했다. 그러면서도 그는 자동화로 고용의 감소 속도가 생산성 확대를 넘어설 경우 경제 전체에 악영향을 미칠 수 있다고 경고했다.

애쓰모글루 교수가 경제에 천착하는 이유는 소득의 불평등이 결국 정치적 리스크로 연결되기 때문이다. 강력한 독재 리더십으로 경제 성장을 일군 독재국가 중국·러시아는 국민들의 절대적 지지

속에 암약하고, 미국·영국 등 민주주의 국가의 시민들은 정부와 시스템에 대한 신뢰를 잃기 시작했다. 그는 '민주주의는 실패했다'는 여론이 점점 높아지고 있는 상황이라면서 "선진 민주국가에서도 점점 권위주의적인 모습이 나타나고 있다"고 말했다.

서서히 진행되는 민주주의의 종말 속에서 위기를 해결할 열쇠로 그는 역설적이게도 '큰 정부 큰 시민사회'를 꼽았다. 현재의 소득 불균형을 막기 위해서는 전방위로 확산하는 자동화를 막을 큰 정부가 필요하고, 또 정부의 자의적인 권력 행사를 막기 위해 시민사회의 역할이 중요하다는 주장이다. 그는 이를 '복지국가 3.0'으로 명명하며 다음과 같이 말했다. "정부가 커질수록 독재국가로 갈 개연성이 커진다는 하이에크의 주장은 틀렸다. 소득불균형·민주주의 후퇴·팬데믹을 막기 위해서는 어느 때보다 '큰 정부'가 중요하다. 든든한 시민사회가 권력의 횡포를 적절히 견제한다면, 우리는 새로운 돌파구를 맞이할 수 있다."

애쓰모글루는 미증유의 위기 속에서 한국이 제법 괜찮은 혁신의 길을 걷고 있다고 언급했다. "한국은 지난 몇 년간 평화적인 방법으로 정권 교체도 이뤄냈을 정도로 훌륭한 민주주의 체제를 전 세계에 증명했다. 선진국 가운데서도 가장 견고한 성장률을 보이고 있다는 걸로도 한국의 국제적 입지를 증명한 것"이라고 했다. 한국의 코로나19 확진자에 대한 위치 추적 시스템에도 관대한 태도를 보였다. 권위주의 정권의 모습이라기보다는, 방역을 최우선으로 생각한 정부라면 당연히 해야 할 일이라는 설명이다. "한국의 위치 추적은 옳은 방식으로 작동했다. 언론의 감시도 제대로 기능했다. 사람들에게 가능한 정보를 최대한 많이 전달한 것. 정부가 응당 해야 할 일이었다." 그는 "미국에서는 시민들이 정부나 정보기관에 대한 신뢰도가 매우 약해 이런 과정을 거칠 수 없다"고 했다.

한국과 독일을 치켜세운 만큼 세계 최강대국 미국에는 직격탄을 날렸다. 코로나19 대응에 실패했을 뿐만 아니라, 국가 전체를 분열시켰다는 이유에서다. 애쓰모글루는 "트럼프는 공공연하게 부패한 사람인 데다가, 미국 정치의 규범과 규칙을 파괴하고 있다"고 평했다.

중국을 향한 날선 비판도 이어졌다. 시민들의 인권에는 관심이 없고, 감시와 통제만 가득한 사회가 중국이라고 그는 말했다. 애쓰모글루는 "중국이야말로 우리가 얘기하는 전제적 리바이어던의 전형적 국가"라고 날을 세웠다. 그는 "중국과 러시아는 소셜 미디어 등에도 간섭하면서 민주정치에 끔찍한 영향을 미치고 있다"면서 "자유 언론, 활발한 시민사회 등의 참여를 강화할 경우 독재정권에 치명적이기 때문"이라고 했다. 그는 민주주의 국가의 최후의 보루인 포용적 제도를 강화할 방법을 끊임없이 강구해야 한다고 덧붙였다.

번영하는 국가를 연구하는 전문가로서, 그는 성공 국가의 예로 라틴아메리카의 일부 국가를 꼽았다. 우루과이와 칠레가 주인공이다. 그는 "라틴 아메리카가 미국과의 갈등, 팬데믹으로 힘든 상황을 겪고 있지만, 우루과이와 칠레는 다시 견고한 민주주의와 경제 성장을 성취할 수 있을 것"이라고 했다. 그에 따르면 우루과이의 견고한 민주주의 시스템과 포용적 제도가 개혁을 성공시킨 열쇠가 됐다. 칠레 역시 주요한 변화를 통해 국가 전체를 다른 레벨로 끌어올렸다. 그러면서도 그는 "라틴아메리카 대륙 전체의 궤도는 여전히 불확실하다"고 아쉬움을 토로했다.

최강대국으로 올라서는 중국. 그리고 미국과 중국 사이에서 번영의 길을 모색해야 하는 한국. 애쓰모글루는 자신이 외교 전문가가 아니라는 것을 전제하면서 몇 가지 조언을 건넸다. 그는 "중국과 좋은 관계를 유지하는 건 중요한 일"이라면서 "하지만 한국의 민주주의와 기본 원칙을 포기하면서까지 굴종해선 안 된다"고 말하며 앞으로 한국이 더 부강한 나라가 될 수 있는 방안을 소개했다. "훌륭한 모습을 보인 건 사실이지만, 아직 부족한 모습도 보인다. 한국은 아직 새로운 것을 도전하려는 사람들에게 적극적인 포용성을 보이지 못하고 있다. 아주 작은 회사들에게도 마찬가지다. 이들이 자유롭게 뛰어놀 수 있는 환경을 만들어 줘야 한다."

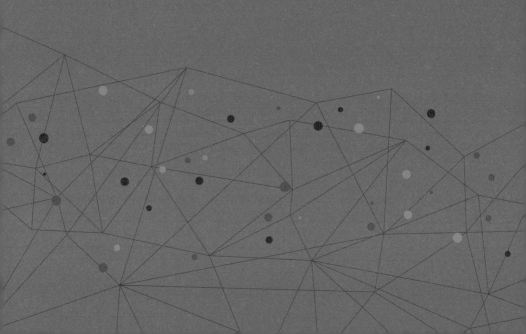

PART 2

비즈니스 리셋

> ❝
> 그 어느 때보다 직원들은
> 신념을 가진 기업에 취업해서 일하기를 원합니다.
> 최고의 인재를 영입하고자 한다면,
> 이와 같은 문화를 어떻게
> 구축할 수 있을까를 생각해야 합니다.
> ❞

래리 핑크 Larry Fink

1988년 그가 7명의 파트너와 설립한 블랙록은 세계 투자 회사들 중 가장 많은 자산을 관리하는 것으로 평가된다. 그는 〈포춘〉이 선정한 '세계의 위대한 지도자'에 올랐고, 미국 주간지인 〈바론즈〉의 '세계 최고의 CEO'로 14년 연속 선정됐다.

모두를 만족시키는
상생형 자본주의

래리 핑크 블랙록 회장 **|** **박천웅** 이스트스프링 자산운용 대표

Topic 1 | 변화하는 실물경제와 중앙은행 정책

박천웅 첫 번째 질문은 세계 경제 전망입니다. 아마 모두 궁금해하고 있을 것 같은데요. 각 지역, 각 국가가 회복하면서 경제적으로 어떤 미래를 맞이할 것이라고 생각하시는지요. 또 자본시장을 중심으로 하는 실물경제와 중앙은행 정책에는 어떤 영향을 미칠까요?

핑크 세계 곳곳의 나라가 각기 다른 방법으로 팬데믹에 대응하고 있습니다. 상대적으로 한국은 미국이나 인도, 브라질과 같은 국가보다 대응을 잘하고 있죠. 유럽 국가들의 경우에도 저축률이 높기 때문에 이와 같은 위기, 재정적인 타격에 버틸 수 있는 여력이 큽니다. 그런가 하면 미국은 첨단 기술이라든지 원격 근무, 또 생명

공학 등 강력한 과학적 기반이 있습니다. 앞으로 항바이러스제나 치료제를 만드는 데 강점이 있을 것입니다.

국가마다 팬데믹을 극복하는 방법도 다를 것이고 대응하는 방법도 다를 것입니다. 질병 감염률도 다른데, 그래도 치료 방법이 많이 나아지고 있는 것을 볼 수 있습니다. 세계적으로 감염률은 높아지고 있지만 오히려 사망률이 떨어지고 있습니다. 코로나19로 인한 사망률은 기존 기저질환이 있는 사람들 사이에서 더 높습니다. 물론 면역 체계가 유달리 예민해서 문제가 있는 사람도 있지만, 보편적으로 보면 초창기 우려했던 것보다 사망률이 낮습니다. 이 때문에 미래 경제는 생각했던 것보다 나쁘지 않을 것 같습니다.

경제 발전을 계속 이어나가면서, 동시에 대응을 하고 또 치료를 해야겠죠. 1년 이내면 우리는 항바이러스제, 치료제, 백신으로 바이러스에 대응할 수 있을 것으로 예상합니다. 물론 그렇다고 완전한 바이러스 퇴치가 가능하지는 않겠죠. 오히려 계절성 독감처럼 대응해야 할 수도 있겠습니다. 1년에 한두 차례 백신을 맞아야 할 수도 있습니다. 우리는 더 나은 미래를 위한 다양한 방법을 찾게 될 것입니다.

우리는 건강을 위협하고 있는 위기에 직면해 있지만, 원격근무도 성공적으로 잘 하고 있고 열심히 다니지 못하는 중에도 사회생활을 잘 하고 있습니다. 우리의 가족, 친구들, 클라이언트를 만나는 일도 가능하다는 것을 경험하고 있습니다. 매일 고객들의 행동, 소비자의 행동이 변하는 것을 볼 수 있습니다. 완벽하지는 않지만 적응하는 방법을 터득하고 있는 것이죠. 우리는 인류라는 종으로서 더 발전할 수 있다고 말씀드리고 싶습니다. 우리가 협력하면 다른 과제에도 잘 대응할 수 있다고 생각합니다.

한 가지 굉장히 인상적이라고 느낀 것은 소비자의 취향이 상당히 바뀌었다는 것입니다. 업계 중에서 여행업이라든지 엔터테인먼트, 또 숙박업 등의 업계는 여전히 큰 타격을 입고 있고요. 일부 소매업도 큰 영향을 받았습니다. 이와 같은 업계는 6개월 이후에도 지금과 같은 어려움이 지속될 수 있겠지만, 한편으로는 식료품점과 같은 가게들이 잘되고 있죠. 사람들이 계속 집에 머물면서 동반되는 비즈니스들이 성황을 하고 있습니다. 홈 오피스를 만드는 사람들도 많이 있습니다. 앞으로는 재택근무를 해야 할 것이고 한동안 이와 같은 방법으로 일을 해야 하기 때문입니다. 집 안 곳곳을 고치거나 홈 오피스로 바꾸는 사람이 늘어나면서 코로나19 바이러스 때문에 오히려 일부 업계에는 새로운 기회가 생겼다고 볼 수 있겠습니다.

물론 어려움을 경험하는 업계도 있겠지만 호황을 누리는 곳도 있다는 이야기죠. 그러다 보면 오히려 어려움을 겪고 있는 업계의 비즈니스들은 계속 어려움을 느끼고 호황을 누리는 비즈니스들은 인재 영입을 하는 등 경제가 불균형한 방식으로 이어질 수 있습니다. 그렇기 때문에 우리가 오히려 균형 잡힌 경제를 위해 더 노력해야 할 거라고 생각하고요.

향후 경제 성장률은 좀 낙관해야 한다고 생각합니다. 1년 뒤에 치료제가 나온다면 성장률이 나쁘지 않을 거라고 생각합니다. 인류는 더 발전하고자 하는 희망을 품고 있기 때문에 경제에 관해서는 낙관적으로 볼 필요가 있습니다.

그런가 하면 정보가 충분치 않아서 확답하기 어려운 부분은, 이머징 마켓Emerging Markets(경제 성장 및 산업화 과정에 있는 국가)의 경제입니다. 여러 거시적인 경제적 움직임 때문에 이머징 경제가 부정적인 타격을 받았다고 봅니다. 또 의료보건 체계가 취약하기 때문에 사회적 영향이 향후 지속될 것으로 저는 생각하고 있습니다. 여기에 더해 우리는 지속적인 기후변화를 경험하게 될 것인데 기후변화에 가장 큰 영향을 받는 지역은 적도 부근입니다. 그러면 자연히 개발도상국이 큰 피해를 보게 됩니다. 코로나19에 기후변화까지 겹치니 이머징 국가들의 상당한 어려움이 예상됩니다. 그래서 세계 경제를 주도하고 있는 선진국들은 이에 대한 고민을 해야 합니다.

Topic 2 | 코로나19 팬데믹 시대의 자산 분배 전략

박천웅 지금 말씀하신 것처럼 고통을 받고 있는 부분이 있는가 하면 오히려 팬데믹으로 인해서 덕을 보고 있는 곳이 있는데요. 에퀴티Equity 마켓은 오히려 양분되어 있다는 느낌이 듭니다. 이와 같은 변동성 안에서 자산 분배를 어떻게 하는지에 대한 조언을 구하고 싶습니다. 또 국가주의의 부상이나 보호주의 때문에 생기는 문제들도 있습니다. 이와 같은 요소가 자산 분배 전략에 어떻게 고려되어야 할까요?

완벽하지는 않지만
적응하는 방법을 터득하고 있는 것이죠.
우리는 인류라는 종으로서
더 발전할 수 있다고 말씀드리고 싶습니다.
우리가 협력하면 다른 과제에도
직면할 수 있다고 생각합니다.

래리 핑크 블랙록 회장과 박천웅 이스트스프링 자산운용 대표의 온·오프라인 하이브리드 대담 현장

핑크 저는 오래전부터 장기 투자에 강한 신념을 가지고 있습니다. 너무나 많은 사람이 은행 저축과 채권 투자에 의지하고 있는 것 같다고 생각합니다. 만약 20~40대라고 한다면 앞으로 인생이 깁니다. 그렇기 때문에 그 시간을 활용해야 합니다.

저의 자산 분배 전략은 세계 경기와 상관없이 일관되게 유지됩니다. 바로 장기적으로 가는 것입니다. 그러다 보니 자연히 에쿼티나 인프라, 사모펀드 등 장기적인 관점에서 투자하고 있습니다. 지금 보면 일부 시장은 너무 강한 것 같고 또 그렇지 않은 부문들도 있죠. 미국만 보면 나스닥이 올 초에 비해서 32% 오른 반면, 다른 나라는 답보 상태를 유지하고 있고 유럽은 주가가 오히려 감소했습니다. 제가 권하는 방법은 시장을 글로벌한 관점에서 바라보라는 것입니다.

앞서 말씀드렸지만 저는 개발도상국의 잠재성을 믿고 있기 때문에 20~30년 정도의 장기적인 관점으로 글로벌 에쿼티에 투자한다면 나쁘지 않을 거라고 생각합니다. 1년 장세에만 집중하지 마시고 장기적인 관점으로, 즉 '인류는 언제든지 발전하고 전진할 것이다. 성장한다'는 믿음으로 임하시면 좋겠습니다.

장기적인 가치가 있는 국가들도 있습니다. 중국의 경우 민족주의나 국가주의가 문제가 되고 있고 또 미·중 무역전쟁도 하나의 화제이기는 했습니다만 그래도 장기적으로는 자본이 집중될 거라고 생각합니다. 그리고 중국이 호황을 누리게 되면 아시아 전역의 성장을 기대할 수 있을 것입니다. 그래서 아시아 지역에 장기적인 투자를 하신다면 많은 수익을 볼 수 있을 것으로 생각합니다.

또 미국은 대학 교육에 강점을 가지고 있고 대학 교육 덕분에 배출되고 있는 인재를 비롯해 과학기술이나 생명공학 부문에 인재들이 있기 때문에 역시 장기적인 가치가 있는 시장일 것입니다. 여러분 모두 글로벌 에쿼티에 장기적 투자를 하시되, 세계를 읽는 관점을 가지시기 바랍니다. 말씀드렸다시피 현재는 이머징 마켓의 우려되는 부분이 많습니다. 그래서 집중적인 투자는 어렵겠지만 계속 투자하는 것은 나쁘지 않을 것 같습니다.

또 과학기술이 강점인 국가들을 염두에 두시기 바랍니다. 한국이 대표적인 예시가 될 것이고 과거 일본이라든지 미국, 중국이 대표적입니다. 그런가 하면 유럽은 기술 강국이 많지는 않죠. 그래서 이러한 시장을 볼 때 기간을 초월한 투자 기준이 무엇인지를 생각해 보시길 바랍니다. 또 바이오테크 등 기술주도 좋을 것 같습니다. 물론 지금 평가 절상되었다는 지적이 있긴 합니다만 그러한 부분에서도 새로운 위너는 생길 것입니다. 대표적인 예가 줌zoom입니다. 1년 전만 하더라도 화상회의를 할 필요가 별로 없었기 때문에 들어보지도 못했던 기업들입니다. 지금은 시가 총액 1,200억 달러에 달하고 있죠. 이처럼 판도가 계속 바뀔 것입니다. 바로 그러한 측면에서 장기적 투자가 매력적인 것이죠.

박천웅 정치적인 부분에 대한 의견이 궁금합니다. 지금 미국과 중국 사이에 긴장이 더 높아지고 있는 것 같습니다. 여기에 국가주의까지 대두되고 있는데 세계화의 미래는 어떻게 점치고 계시는지요?

핑크 저는 세계화를 신봉하는 사람입니다. 오늘도 자랑스럽게 "나는 세계화를 지지한다"고 말합니다. 미국의 정치인이든 유럽의 정치인이든, 또 주변의 모든 규제 당국에게도 이것을 이야기해왔습니다. 세계화는 우리가 사는 세상에 필수적입니다. 이머징 시장이 성장하기 위해서도 세계화가 필요합니다. 이와 같은 세상을 만들지 못한다면, 오히려 불평등은 더 심화될 것이라고 생각합니다. 이는 결코 안전한 세상이 아닙니다.

저는 더 많은 사회적 발전을 이루기 위해서도 세계화가 필요하다고 봅니다. 물론 세계화로 인해서 충분한 혜택을 받지 못하거나 피해를 본 부분도 있습니다. 세계화에 따른 일부 양극화 현상에도 불구하고 만약 세계화가 없었더라면 우리는 더욱 불평등한 세계에 살게 됐을 것입니다. 모든 정책과 무역협약을 살펴보고 균형 잡힌 방법으로 나아갈 수 있도록 노력해야겠습니다.

오늘날의 팬데믹을 보십시오. 팬데믹을 없애고 대응하기 위해서도 여러 정부가 함께 대응하고 있지 않나요. 과학 발전 덕분에 치료제를 만들고 있고요. 만약 백신을 만든다면 함께 누려야 할 것입니다. 기후변화도 마찬가지입니다. 그렇기 때문에 각국이 각개 전투할 수는 없습니다. 모두 함께 대처해야 합니다. 그래서 저는 다시 한 번 저 자신을 '글로벌리스트'라고 말씀드립니다.

Topic 4 | 팬데믹 이후의 자본주의

박천웅 많은 정치인들에게 중요한 메시지를 주신 것 같습니다. 기업의 목적이 무엇인가, 또 자본주의 중에서도 이해관계자 자본주의에 대한 말씀을 많이 해 주셨는데요. 팬데믹 이후에는 이와 같은 개념이 더 중요할까요?

핑크 저는 코로나19 덕분에 자본주의의 중요성이 더 부각됐다고 생각합니다. 모든 기업은 자연히 수익에 집중할 수밖에 없지만 수익을 장기적으로 내기 위해서는 경영진 전체가 모든 이해관계자에 관심을 가져야 합니다. 주주, 종업원, 노동조합, 고객 등 기업과 연계된 이해관계자 전체의 이익을 생각하는 것이 바로 이해관계자 자본주의입니다. 그 어느 때보다 직원들은 신념을 가진 기업에 취업해서 일하기를 원합니다. 공감할 수 있는 기업과 일하길 원하고 나의 정체성과 맥을 같이하는 기업의 일원이 되길 바랍니다. 그래서 최고의 인재를 영입하고 이들과 함께 일하기를 원한다면, 이와 같은 문화를 어떻게 구축할 수 있을까를 생각해야 합니다.

1

데큐플 리더십,
10배 높은 목표 설정

| 맥킨지 글로벌 회장의 네 가지 성공 리더십

> **케빈 스니더** 맥킨지앤드컴퍼니 글로벌 회장
> 중국을 포함한 아시아의 글로벌 경제 비즈니스 동향, 생산성 향상과 혁신에 대한 연구에
> 관여해 왔으며 주요 기업들의 경영 전략 자문을 맡고 있다.

"CEO들은 그동안 겪어보지 못한 코로나19 팬데믹에 대응하기 위해 보다 과감한 리더십을 보여주기 시작했습니다. 그들의 향후 과제는 이러한 리더십을 지속하고 발전시켜가는 일입니다." 케빈 스니더 맥킨지앤드컴퍼니 글로벌 회장은 코로나19 사태를 "CEO라는 역할의 본질과 영향력을 발전시킬 수 있는 기회이자, CEO들이 기존과는 다른 차별점을 만들어낼 수 있는 시기"라고 평가했다.

이어 "코로나19 사태로 직원들의 업무 수행 방식과 고객 행동 양식, 공급망 운영 방식 등과 관련해 갑작스런 혼란이 생겼다. 이에

대응하기 위해 CEO들은 다양한 측면에서 기업을 이끄는 방식을 근본적으로 변화시켰다"고 강조했다. 그러면서 "다수의 CEO가 이 전과 다른 방식의 운영 및 행동을 택한다면 더 우수하고 높은 성과를 달성하는 리더십을 보일 수 있다"고 했다.

이를 위해서는 CEO들이 10배 높은 목표 설정, 변화하는 리더 상像 표현, 이해관계자 자본주의Stakeholder Capitalism 수용, 동료 CEO와의 네트워크 활용 등 네 가지 특성을 갖춰야 한다고 했다.

그가 제안한 10배 높은 목표 설정은 '과감한 행동을 하는 것은 우수한 성과를 달성하는 데 핵심 사항'이라는 그의 철학에 근거한다. 그는 "과감한 행동을 1~2개 하면 성과가 향상될 가능성이 2배 높아지고, 3개 하면 6배 높아진다"고 말했다. 대표적인 사례로는 한국 정부가 코로나19 데이터 플랫폼을 도입해 접촉자 추적 소요 시간을 24시간에서 10분 이하로 줄인 점을 꼽았다. 이번 사태에 따른 이동 제약으로 계획적인 시간 활용이 요구되고 있기 때문에 높은 목표를 추구하기 위해서는 업무 수행 방식을 다시 정립하는 일도 필요하다고 했다. 그러고는 "이번 사태를 통해 다양한 사례를 목격한 CEO들은 과감한 행동과 속도를 제약하는 주요 장벽이 기술적 한계가 아닌 사고방식과 정책이라는 점을 깨닫게 됐다"고 했다.

CEO들이 이전과 다른 모습을 계속 보여줘야 한다는 점도 역설했다. 스니더 회장은 "팬데믹 기간 동안 다수의 리더는 인도주의적 공감 능력뿐 아니라 불확실성과 불안이 만연한 시기를 차분하게 헤쳐 나가는 모습을 보여줘야 한다고 생각하게 됐다"며 "그 결과 CEO들은 어떤 리더가 되고 싶은지 의식적으로 고민하게 되었다. 이는 조직 구성원과의 연대 및 동기 부여에 있어 긍정적인 결과를 낳는다"고 설명했다. 특히 이 과정에서 직원과 조직에 대한 '애정'은 새로운 핵심 요소가 됐다고 했다. 그는 또 "CEO들은 고위경영진이 어떤 모습을 보이는지에도 주목해야 한다"고 전했다.

CEO들이 이해관계자 자본주의를 완전히 수용해야 한다는 점도 언급했다. 이해관계자 자본주의는 '주주에 대한 의무 때문에 직원이나 고객, 지역사회, 공급업체, 더 나아가 사회를 비롯한 다른 이해관계자의 희생이 뒤따라서는 안 된다'는 개념이다. 스니더는 "이번 일을 계기로 이해관계자 자본주의는 CEO들의 과제가 됐다. 다양한 이해관계자의 이익을 보호하고 장기적 시각으로 사업을 운영하는 게 기업에 이득"이라고 설명했다. 그러고는 "이해관계자 자본주의를 완전히 수용하기 위해 CEO들은 자신이 실제로 믿는 바가 무엇인지 점검하고 그에 따른 조치를 취해야 한다"고 했다.

마지막으로 동료 CEO와의 네트워크를 활용하라고 조언했다. 그는 "현재 우리가 처한 위기는 안내 책자가 없기 때문에 대처하려면 같은 노력을 하고 있는 동료들로부터 조언과 자문을 구하는 게 최선의 방법"이라며 "다른 CEO와의 추가적인 관계 구축이 중요하다"고 전했다. 이어 "이러한 과정을 통해 CEO들은 더 높은 목표를 세우기 위한 도전 의식을 갖거나 주어진 문제를 신속·과감하게 대처할 수 있다"고 덧붙였다. 또 "CEO들은 동료 CEO의 조건을 통해 내가 이끄는 기업이 가장 큰 혜택을 얻을 수 있는 것은 무엇인지, 변화를 끌어내기 위해 함께 협력할 수 있는 사회적 문제는 무엇인지 등을 고민해야 한다"고 했다.

▎위대한 성공에는 어떠한 각본도 없다

제니 주 셀트리온 미주 사장

한국에 본부를 둔 세계적인 바이오 제약업체인 셀트리온그룹 미국법인 사장이다. 주 사장은 미국 내 셀트리온의 사업 전략, 마케팅 등 모든 영역을 총괄한다. 그는 풍부한 금융계 경력과 글로벌 기업 경영 및 전략 노하우를 기반으로 여러 분야에서 비즈니스 성공을 위한 자문 역할을 해오고 있다.

모두가 갈망하지만, 모두가 가질 수는 없는 것. 바로 '부富'다. 부자가 되는 길에 지름길은 없다. 하지만 정도正道는 있다. 제니 주 셀트리온 미국법인 사장은 세계적 부자들이 부를 일군 방식을 소개했다. 지근거리에서 엿본 거부巨富들의 성공 방정식은 무엇일까.

"제가 만나 본 자수성가한 수백 명 중 단 한 명도 엄청난 아이디어로 성공을 거듭한 사람은 없었습니다." 제니 주는 성공이 어떤 대단하고 특수한 능력을 타고난 이들의 전유물이 아니라고 단언했다. 성공은 아주 작고 사소한 도전으로부터 시작한다는 이유에서다.

그는 영국 사업가 톰 로런스를 예로 들었다. 톰 로런스는 아주 작은 성공에서부터 천천히 부를 늘려간 사람 중 하나였다. 그는 글로벌 최상위 부유층을 대상으로 한 최고급 골프 멤버십인 '이든클럽'을 이끌고 있다. 현재 800여 명이 넘는 억만장자들이 소속된 최고급 사교 클럽이다. 막대한 재산은 이든클럽 가입자의 필수조건이지만, 충분조건은 아니다. 기존 회원의 초청이 필요하고, 이후에는 심사를 거쳐야 한다. 더 많은 부자들이 이든클럽 가입을 원하는 배경이다.

제니 주는 "그가 첫 시작부터 꽃길을 걸은 건 아니었다"고 했다. 오히려 자갈밭에 가까웠다. 부유한 집에서 태어난 것도 아니고, 그토록 원하던 축구선수로서의 커리어도 부상으로 쉽게 조각났다. 하지만 그가 성공에 대한 욕구까지 포기한 건 아니었다. '부자들의 놀이터'를 만들고 싶다는 생각 하나로, 근교 지역에 골프장을 샀고, 이들을 랜드로버 자동차로 운반해 주는 모임을 만들었다.

제니 주는 "한 해 60명의 회원을 모으며 첫 스타트를 제대로 끊었지만, 바로 다음해 전부가 빠져나갈 정도로 로런스는 실패를 거듭했다. 이 실패로 그는 부자가 진정으로 원하는 게 무엇인지를 모색했고 결국 그 답을 찾아냈다"고 말했다.

톰 로런스는 스코틀랜드 고성 피토미를 사들여 세계 최고의 사교 클럽을 만드는 데 성공한다. 제니 주는 "실패를 다양한 실험으로 받아들이는 끈기가 중요하다"고 했다. "중요한 건 시작이죠. 스타트를 끊어야 뭐가 부족한지 알 수가 있습니다. 위대한 성공에는 어떠한 각본도 없어요."

실패를 두려워 않고 정진하는 힘은 실리콘밸리의 힘이기도 하다. 제니 주는 아마존의 예를 들어 설명했다. 그는 "아마존은 하루에 수도 없이 홈페이지를 바꾼다"면서 "고객에게 적합한 상품을 제시하기 위한 실험"이라고 했다. 애플을 만든 스티브 잡스도 무수한 실패를 하며 그의 디자인을 완성했다. 구글·페이스북 등 모든 기업이 하루에도 수많은 실패를 한다. 제니 주는 "성공은 직선이 아닌 곡선이라는 걸 누구보다 잘 알기 때문"이라고 했다.

성공의 또 다른 공식은 '사람'이다. 생각의 섞임이 한 사람의 생각보다 큰 시너지를 낼 수 있기 때문이다. 노르웨이 선박회사 노르딕아메리칸탱커스의 허비요른 핸슨 회장은 이를 가장 잘 실천하는 사람 중 하나다. 8년 전 핸슨 회장은 자신의 생일 파티를 한국에서 개최했다. 선박을 만들어주는 조선사 대표들과 더 깊은 인연을 만들기 위해서였다. 그는 제니 주에게 "내 기본 원칙은 좋은 사람을 친구로 삼는 것. 한국 조선사는 나에게 가장 중요한 사람들"이라고 했다. 제니 주는 "CEO의 가장 큰 덕목은 사람 사이에서 잠재력을 끌어내는 것"이라고 강조했다.

그는 성과 위주의 인사 시스템을 변환해야 기업이 혁신을 이룰 수 있다고 했다. 성과에 상을 주는 방식이 과거를 답습하게 하는 방식인 만큼, 새로운 혁신으로 도전을 멈출 수 있다고 그는 진단한다. "실패를 하더라도, 새로운 프로젝트에 도전하는 사람에게 가산점을 부여하는 구조를 구축해야 해요. 실패를 두려워하지 않는 토양에서 창조의 꽃을 피울 수 있습니다." 한 방산업체 CEO는 이 같은 평가 방식으로 매출을 3배 이상 증가시켰다. 임직원은 200명에서 300명으로 늘었다. 인사 정책 하나로 만든 혁신 시스템이다.

제니 주는 한국인에게 현실 고난 극복의 DNA가 있다고 믿는다. 중국·인도에 이어 미국 유학생이 가장 많은 나라가 한국일 정도로 성공에 대한 갈망이 크다. 보다 더 나은 삶을 살기 위해 물길을 거슬러 오르는 본능과 잠재력을 품은 이들에게 그는 다시 조언했다. "생각하지 말고 우선 도전하세요. 혼자하지 말고 함께 하세요. 과거가 아닌 미래를 평가하세요."

2

카멜레온 스타트업과
플랫폼 대혁명

┃ 넷플릭스·테슬라: 핵심에 집중해 타이밍을 맞춰라

존 맥닐 전 테슬라 사장

여섯 개 기업을 설립 및 스케일업 시켰으며, 수많은 일자리를 창출하고 투자자들에게 수십억 달러의 수익을 가져다주었다. 그는 2012년 언스트앤영이 뽑은 올해의 기업인이었고, 2013년에는 보스턴에서 '가장 존경 받는 CEO'로 선정되었다. 그는 2018~2019년 리프트의 최고운영책임자COO 자리를 맡았으며, 2015~2018년에는 테슬라 사장을 역임했다.

마크 랜돌프 넷플릭스 공동창업자

실리콘밸리의 베테랑 기업가이자 조언가, 투자가다. 그는 넷플릭스 공동창업자이자 초대 CEO, 선임프로듀서, 이사회 일원이다. 다수의 스타트업을 성공적으로 출범시켰으며, 빅데이터 분석 회사 루커의 공동설립자를 비롯해 많은 신흥 기업가의 멘토였다.

넷플릭스와 테슬라를 이끌었던 스타트업 창업의 대가들은 '제품 혁신 노력'과 '핵심 역량의 집중'을 스타트업 창업과 성장의 조건으로 제시했다.

존 맥닐 전 테슬라 사장은 제품 혁신 노력의 중요성을 강조했다. 그는 "스타트업 창업 후 제품이 나오면 생각했던 것과 다른 것이 무엇인지 찾고 또 찾아 개선해야한다. 이 작업을 멈추는 순간 도태하게 된다"고 강조했다. 이어 그는 "GM은 전기차를 개발했지만 골프카트와 비슷한 차로 멈췄다"면서 "마이크로소프트도 스카이프를 처음 개발했고, 시스코도 웹엑스를 처음 내왔지만 고객이 무엇을 원하는지 찾고 개선하는 작업을 멈춰 도태됐다"고 실명했다.

마크 랜돌프 넷플릭스 공동창업자는 스타트업 창업자들이 핵심 역량에 집중할 필요가 있다고 강조했다. 그는 "스타트업을 시작할 때 창업자들이 갖는 오류는 모든 것을 다 잘하려다가 모두 다 제대로 되지 않게 하는 것"이라면서 "핵심적인 두세 가지에 집중해 이것을 확실하게 달성하는 것이 중요하다"고 밝혔다.

랜돌프는 스타트업을 시작할 때 아이디어를 실현시키는 과정의 어려움도 충분히 고려해야 한다고 조언했다. 그는 "갑자기 머릿속에 어떤 아이디어가 떠오른다고 바로 사업을 할 수 있는 것이 아니다"면서 "아이디어는 매우 복잡하고 유기적이며 마케팅, 알고리즘 등등 각각의 영역에서 검토를 거쳐야 하는 지난한 작업"이라고 설명했다. 이어 그는 "아이디어가 사업으로 구체화되기 위해서는 적게는 수개월 많게는 수년이 걸릴 수 있다는 사실을 유념해야 한다"고 말했다.

맥닐은 '퍼스트 무버'의 오류를 제시하면서 제품 출시 타이밍을 고려해야 한다고 조언했다. 그는 "1996년 온라인 청과류 배달 서비스를 시작한 사업자는 실패할 수밖에 없었다"면서 "당시에는 고객들이 아직 온라인 구매를 활용하지 않았기 때문에 실패했다"고 말했다. 이어서 그는 "줌은 시스코가 웹엑스를 출시한 지 수년 뒤에 나왔고 세일즈포스는 시벨이 CRM을 시장에 내놓은 이후 수년 뒤 나와 성공을 거뒀다"면서 "아직 시장이 성숙하지 않은 상황에서 너무 앞서가면 성공하기 어렵다"고 조언했다. 그는 또 "이 점에서 넷플릭스는 달랐다. DVD 대여 사업자로 출발한 뒤 가정용 온라인 시장이 발달한 다음 콘텐츠 제공 서비스를 시작해 성공할 수 있었다"고 말했다.

글로벌 시장 진출을 꿈꾸는 한국 스타트업에게는 글로벌 시장 진출에 앞서 한국 시장에서 탄탄한 성공기반을 다지라는 조언이 나왔다. 랜돌프는 "자전거를 타고 내리막길을 갈 때는 바로 앞을 주시하면서 가야한다. 고개를 들어 먼 곳을 보다가 넘어질 수 있다"면서 "우선 한국 시장에서 확실한 성공기반을 다진 뒤 해외 진출을 모색하는 편이 현명하다"고 말했다. 맥닐은 해외 진출 시 현지 인력의 적극적 활용을 주문했다. 그는 "만약 미국 기업이 한국에 들어와서 비지니스를 한다면 한국인들을 채용해 그들이 시장을 개척하도록 해야 한다"면서 "한국 기업들도 해외에 진출할 때 현지 인력을 적극 활용해야 성공할 수 있다"고 조언했다.

두 사람이 기업인의 길로 들어서게 된 인생 스토리도 들려줬다. 랜돌프는 "작은 음반회사에서 일하기 시작한 뒤 대기업에서 우편배달을 하는 작은 사업 부분을 맡았는데 이것이 급성장해 회사 매출의 40%를 차지하는 정도가 됐다"면서 "이후 두 곳의 잡지사를 운영하기 시작했는데 오늘날과 같은 벤처캐피탈의 펀딩을 받는 그런 형태는 아니었다"고 소개했다. 맥닐은 "초등학교 2학년 때 나이키 브랜드 신발이 나와서 아버지께 사달라고 했지만 돈이 없다면서 사고 싶으면 직접 돈을 벌어서 사라는 이야기를 들었다"면서 "그때 주변 농장에 가서 주변을 정리하고 땅을 파는 일을 하면서 처음으로 돈을 벌었다"고 말했다.

맥닐은 현장을 생명으로 여긴다. 물론 단순히 사장이 현장에 가서 간담회를 열고 얼굴 도장을 찍는 관료적 방식은 아니다. '20% 룰'은 지금껏 그에게 성공 방정식으로 작용해 왔다. '20% 룰'이란 전체 업무 시간의 20%는 반드시 현장에서 업무를 진행한다는 규칙을 의미한다. 이 규칙은 스타트업이 일단 자리를 잡았다면 이를 성장시키고 잠재력을 극대화하기 위해 꼭 필요한 작업이라는 것이 그의 지론이다.

맥닐은 "나는 전체 업무 시간의 20%를 항상 현장에서 보낸다"면서 "일주일에 5일을 일하면 하루는 꼭 고객과 직접 접촉하는 현장에 간다"고 말했다. 이어서 그는 "직접 차를 운전하는 고객의 경험을 가장 가까이에서 접할 수 있는 최선의 방법"이라면서 "나뿐 아니라 다른 경영진들도 모두 그렇게 하도록 했다"고 말했다. 그는 또 "현장에 가면 직원들에게 꼭 물어보는 것이 두 가지 있다"면서 "한 가지는 당신이 CEO라면 무엇을 하겠느냐고 다른 한 가지는 고객들이 우리 서비스에서 부족하다고 말하는 게 무엇이냐는 것"이라고 말했다.

그의 경험에 따르면 'CEO라면 무엇을 하겠는가'를 물어보면 직원들의 입에서 각종 아이디어가 쏟아져 나왔다. 또 고객들의 피드백 관련 질문에서도 회사와 경영을 혁신하기 위한 값진 아이디어가 등장했다. 맥닐은 "테슬라의 모바일 서비스도 이와 같은 고객의 피드백 질문에서 아이디어를 얻어 시작했다. 테슬라 고객은 모바일을 통해 집이든 오피스든 어디에서나 방문 정비 서비스를 받을 수 있게 됐는데 이것은 수백만 달러의 가치가 있는 혁신이었다"고 말했다. 이어 그는 "제품이 생산되고 나면 경영진은 자사의 제품을 생각보다 자주 접하기 어렵다. 그러나 고객은 제품을 매일 이용하기 때문에 고객의 피드백에 대한 주의를 끊임없이 기울여야 한다"고 설명했다.

그가 강조하는 것은 '퍼스트 무버의 역설'이다. 맥닐은 "협소한 시장에서 성공하는 것이 규모가 있는 시장에서 성공하는 것보다 훨씬 어렵다"면서 "또한 공공재나 규제가 개입할 여지가 많은 산업들은 결국 규제가 이익의 상당부분을 빼앗아 갈 수 있다는 점을 고려해야 한다"고 말했다. 그는 규제로 수익을 내기 어려운 대표적인 산업으로 운송업을 꼽았다.

맥닐은 '성장'과 '스케일업'의 차이점에 대해서도 역설했다. 그는 "성장이 단순히 매출이 느는 등의 양적 팽창을 의미한다면, 스케일업은 회사의 미래를 내다보고 비지니스 모델을 구축하는 것으로서 질적인 차이가 있다"고 말했다.

'단순화'도 그의 비지니스를 성공으로 이끈 열쇠 가운데 하나였다. 맥닐은 "리더가 어떤 문제가 중요한지 전략적으로 결정하면 모든 것을 여기에 집중해야 한다"면서 "팀원의 인적 구성, 각종 일정 등을 가장 중요한 과제에 집중해야 한다"고 역설했다.

▎킥스타터: 집중해야 할 것은 '현재의 나' 아닌 '미래의 나'

앤시 스트리클러 킥스타터 창업자
킥스타터의 창업자이자 전 CEO다. 그는 드러커 연구소의 특별연구원이며 세계경제포럼
이 선정한 영 글로벌 리더, 〈포춘〉이 선정한 40세 이하 40인, 〈패스트컴퍼니〉가 선정한 가
장 혁신적인 인물에도 올랐다.

"우리는 단기적인 생각을 하는 데서 벗어나야 합니다. 현재의 나에게만 집중하지 말고, 다른 사람 즉 미래의 나에 대해서 생각해 볼 필요가 있습니다." 앤시 스트리클러는 세계 최대 크라우드펀딩 플랫폼 '킥스타터'의 공동창업자이자 전 CEO다. 그는 2019년에 그의 저서 《이것이 우리의 미래일 수 있다: 좀 더 너그러운 세상을 위한 선언문》을 저술하고 '벤토이즘Bentoism'이라는 철학 이론을 창조했다.

위기 상황에서의 리더십과 자기인식, 꾸준하고 일관성 있는 결정을 내리는 일의 중요성은 무엇일까. 먼저 그는 시간 이론에 대해 설명했다. "첫 번째 시간 이론은, 시간을 주기로 파악하는 이론이다"라고 말했다. 계절이 돌아오는 것처럼 생애주기도 순환한다는 것이다. "르네상스까지 이런 순환적인 시각에서 시간을 파악했다. 일종의 루프를 형성한다고 이해하면 된다"고 덧붙였다. 이후 르네상스를 거치고 기술이 발전하며 더 진보적인 시간 개념이 나타났다. 바로 현재의 시간 개념이다. 이 마지막 시간 개념은 "모든 것이 혼돈(카오스) 속에 있으며 무작위적이라고 생각하는 시간 개념"이다. 진보와 순환이 동시에 존재하는 시간 개념인 것이다. 우리가 인

생을 살면서 비슷한 상황을 주기적으로 겪게 되는데 그때마다 스스로를 더 잘 개선해야 한다는 의미다.

시간 개념에 대해 설명한 이후 그는 일반인과 영화 속 톰 크루즈 같은 사람의 차이에 대해 설명했다. 산불이 났다고 가정한다면, 일반적인 사람은 방향성 없이 도망치기 바쁘지만, 영화 속에 나오는 톰 크루즈 같은 사람은 문제를 해결하기 위해 원인으로 직접 뛰어드는 사람이다. 스트리클러 창업자는 '자기인식'을 바로 그 차이점으로 꼽았다. 그는 "나를 단순히 지금 현재의 나로 생각할 것이 아니라, 미래의 나와 병행해서 생각해야 한다"고 말했다. 즉, 지금 당장 내가 원하고 필요하는 것이 있는가 하면, 현명하고 나이가 든 미래의 내가 원하는 바가 따로 있다는 것이다. 그는 "지금 내가 내리는 결정이 단순히 미래의 나에게만 영향을 미치는 것이 아니고 가족, 친구, 지인 등 사랑하는 사람에게도 영향을 미친다는 것을 알아야 한다. 우리가 어떤 결정을 하느냐에 따라 미래가 바뀌는 것"이라고 말했다.

이어서 그는 '단기주의'를 벗어나야 한다고 강조했다. 그가 만든 철학이론 벤토이즘은 도시락을 뜻하는 일본어 '벤토'에서 유래했다. 그는 "일본에는 '하라하치부'라는 말을 사용한다. 100% 배부르게 먹지 않고 미래를 위해 80%만 먹는다는 뜻이다"라고 설명했다. 즉 현재 나의 욕망에만 충실하지 말고, 미래의 나와 미래의 다른 사람을 생각하라는 뜻이다. 그는 직접 그린 사사분면의 그래프가 벤토와 닮아서 벤토이즘이라는 단어를 만들었다고 덧붙였다.

그는 벤토이즘의 예시를 들어 설명했다. 스트리클러는 "어떤 여자가 벤토(사사분면의 그래프)에 대고 '내가 금연을 해야 할까?'라고 묻는다면 칸막이마다 대답이 다를 것이다. 그 칸들은 현재의 나, 미래의 나, 지금의 우리, 미래의 우리로 나뉘어져 있다"고 설명했다. "만약 '현재의 나'라면 '너 지금 금연하면 금단 증상이 올 거야'라고 말할 것이다. 그러면 나머지 3개의 칸막이에서 금연을 하라고 해도 담배를 끊는 것이 어려울 수 있다"고 설명했다. 지금의 내 입장에서만 문제를 바라보고 좁은 시야를 가지게 된다면, 결국 흡연을 선택하며 다른 사람에게도 나쁜 영향을 줄 수 있다는 뜻이다.

스트리클러는 "중독은 지금 현재의 나에게는 만족감을 줘 좋을 수 있지만, 미래에는 악영향을 미칠 수 있다. 따라서 현재의 나만 생각하는 것에서 벗어나려면 수동적 인지를 벗어나서 능동적 인지가 있어야 한다"고 말했다. 미래를 어떻게 형성할지, 내가 어떤 방향으로 갈 것인지를 구체적으로 생각해야 한다는 뜻이다. 이어 그는 자신의 경험을 사례로 들었다. "내가 내리는 모든 결정은 벤토에 질문해서 나올 수 있는 것들이다. 예를 들어 내가 싫어하는 기업에서 강연 요청이 들어오면 과거의 나는 거절했다. 하지만 미래의 나와 미래의 우리를 고려하니 다른 답이 나왔다. 일단 돈을 벌 수 있고 미래에 선한 영향력을 미칠 수 있다는 답이었다"고 했다.

▌노션: 더 간결하게, 더 이용자 맞춤형으로

이반 자오 노션 공동설립자 겸 CEO

사이먼 래스트와 2016년 회사를 공동설립하고 노트 작성과 서류 정리도구를 개발하는 데 집중했다. 자오 CEO는 노션 2.0을 설립해 프로젝트와 일의 흐름을 관리하는 데이터베이스를 도입했으며, 그 후로 노션 2.0은 협력, 생산성, 원격근무 부문에서 20억 달러 규모의 회사로 성장했다.

"자신이 원하는 업무 틀을 맞춤형으로 간결하게 사용할 수 있다는 점이 '노션'의 가장 큰 매력입니다."

노션은 미국 실리콘밸리에 위치한 스타트업으로, 생산성 애플리케이션 분야에서 가장 주목받고 있다. 올해에는 20억 달러(약 2조 3,500억 원) 규모의 기업 가치를 인정받으며 '유니콘' 대열에 올랐다. 노션은 노트·문서·일정 등 업무에 필요한 다양한 도구를 한 공간에서 '올인원'으로 관리할 수 있는 서비스를 제공하고 있다. 이용자가 자신의 업무 환경에 맞춰 용도와 형태를 자유자재로 변형해 쓸 수 있다는 게 가장 큰 강점이다. 이 때문에 코로나19 사태와 맞물려 국내에서 큰 주목을 받기 시작했다.

노션의 공동설립자 겸 CEO인 이반 자오는 "한국에서 노션이 큰 인기를 끈 것을 보고 놀랐다"며 "코로나19 사태를 겪으면서 수요가 크게 늘어난 것 같다. 이번 여름 수해 피해가 있었음에도 사전 준비를 신속하게 한 덕분에 지난 8월 한국 서비스 론칭이 잘 진행됐다" 덧붙였다. 그러면서 "한국은 세계에서 두 번째로 중요한 시장이자 미국 다음으로 큰 규모의 사용자 커뮤니티가 활동하는 2위 시장"이라고 강조했다.

한국에서의 인기는 무엇보다 자발적으로 꾸려진 사용자 커뮤니티가 열성적으로 활동한 영향이 컸다는 게 그의 설명이다. 현재 페이스북 '노션 한국 사용자 모임' 그룹 가입자는 1만 7,000명에 이른다. 이 커뮤니티에서는 노션 활용법을 강의하고 공유한다. 최근에는 활용법을 정리한 책까지 펴냈다. 노션 본사에서 임명한 정식 홍보대사 두 명도 활동하고 있다. 다방면에서 이뤄진 홍보 활동 덕분에 국내 노션 가입자 수는 코로나19 사태 전후로 60% 급증했다. 자오는 이와 관련해 "지난달 노션 서비스를 영문에서 한글로 바꿨다"며 "한국 이용자들의 피드백을 받아 개선점을 찾아나갈 것"이라고 설명했다.

그는 노션이 이 같은 인기를 얻게 된 비결로 간결함을 꼽았다. "펜을 잡을 때 손끝의 느낌이 중요하듯 노션도 이용자 맞춤형으로 활용이 가능하다. 다수의 소프트웨어를 하나로 통합해 간결하고 편리하게 쓸 수 있다"고 설명했다. 그리고는 "한 디자인 업체는 기존에 사용하던 12개 소프트웨어를 노션 하나로 통합해 사용하고 있다"고 했다.

그는 향후 경영 계획에 대해 "세계적인 웹 문서 툴인 '구글 독스'의 경우 사용자 수가 10억 명에 이른다"며 "이는 앞으로 우리가 나아가야 할 시장"이라고 강조했다. 그리고는 "아직은 이용자 10억 명을 달성하는 데까지 갈 길이 멀다. 지식 근로자들이 겪는 어려움들을 해결해가는 데 집중할 계획"이라고 했다. 특히 "노션은 근본적으로 기업 맞춤형 서비스"라며 "기업들이 직면한 과제를 해결할 수 있도록 하는 데 중점을 두고 있다"고 강조했다.

노션의 직원 채용 방식과 기준에 대해서는 '융합형 인재'를 언급했다. 그는 "노션의 사업 규모가 커지면서 인재를 고용하는 기준이 강화되고 있다"며 "지원자를 대상으로 많은 인터뷰를 진행 중이고 이 과정에서 다수가 탈락하고 있다"고 전했다. 특히 "디자이너를 뽑을 때는 엔지니어링을 아는 인재를, 엔지니어를 뽑을 때는 디자인을 이해하는 인재를 채용하려고 한다"고 밝혔다.

노션은 2016년 첫 서비스를 출시한 이후 현재까지 전 세계 400만 명의 이용자를 확보하고 있다. 나이키, 맥도날드, 버라이즌, IBM, 〈월스트리트 저널〉 같은 글로벌 기업이 주요 고객사로 있다. 한국에서는 당근마켓, 리디북스, 쏘카 등이 직원 교육, 정보 저장, 프로젝트 관리 등 다양한 용도로 노션을 활용하고 있다.

▍위기 극복의 힘은 기술에 있다

윤홍근 제너시스BBQ 회장

1995년 제너시스BBQ그룹을 설립했다. BBQ는 창립 4년 만에 1,000개 가맹점을 열었고 현재 미국, 중국, 일본 등 세계 57개국에 진출했다. 윤 회장은 1997년 한국프랜차이즈협회를 창립해 협회장에 취임했고, 2008년 한국외식산업협회를 설립했다.

"코로나19의 세계적인 팬데믹으로 비대면 문화가 가속화됐지만, 비대면 시대에도 외식산업은 발달할 수밖에 없다. 사람이 존재하는 한 외식업의 전망은 유망하다." 우리나라 최대 치킨 프랜차이즈 기업인 제너시스BBQ그룹의 윤홍근 회장은 코로나 시대는 물론 포스트 코로나 시대에도 외식업의 미래는 긍정적이라고 내다봤다.

그는 그 근거로 "과학기술이 발달해서 캡슐 같은 알약 한 알만 먹어도 사람의 생명을 유지할 수 있는 시대가 올 수 있지만, 사람은 음식을 먹으면서 즐거움과 행복감, 기쁨을 크게 느끼는데 이는 알약이 대체할 수 없기 때문"이라고 제시했다.

윤 회장은 특히 한국 외식업의 미래를 긍정적으로 전망했다. "식재료가 풍부한 국가는 식재료 그 자체만으로도 충분히 맛있는 음식을 만들 수 있어서 특별한 조리비법 연구에 덜 공들여도 됐다"며 "반면 한국은 식자재가 부족한 탓에 아주 오래 전부터 어떻게 하면 더 맛있는 요리를 할 수 있을지 지속적으로 연구·개발해야 했고, 이 같은 식재료의 융·복합을 통해 독특한 맛을 만들어 내는 문화를 형성할 수 있었다"고 설명했다. 그는 스테이크를 예로 들면서 "미국에는 고기가 풍부해서 고기만으로 뛰어난 맛을 구현할 수 있는 스테이크 요리가 발달했지만, 우리는 고기가 부족해서 여러 재료 등을 결합해서 색다른 맛을 내는 고기 요리가 발달했다"고 덧붙였다.

윤 회장은 "외식업은 앞으로도 영원히 지속가능한 데다 한국 외식업의 미래가 특히 밝기에 외식업을 모태로 한 프랜차이즈 산업의 성장성 역시 크다"고 강조했다. 그는 "올해 8월 말 기준 제너시스 BBQ의 가맹점은 세계 약 57개국, 국내외 약 3,500개인데, 2025년까지 전 세계에 가맹점을 5만 개까지 확장할 계획"이라고 포부를 밝혔다. 윤 회장은 이 목표를 달성하면 제너시스BBQ그룹이 창출할 수 있는 매출액이 200조~300조 원에 이른다고 말했다.

윤 회장은 코로나19 여파로 인해 수많은 기업들이 위기에 직면해 있지만, 위기 속에 새로운 기회가 있는 법이라면서 디지털기술의 융복합을 통해 위기를 극복해야 한다고 피력했다. 그는 몇 달 전 제너시스BBQ그룹이 새롭게 개발해 선보인 'B.SK' 매장을 사례로 꼽았다. B.SK는 'BBQ 스마트 키친BBQ Smart Kitchen'의 약자로, 코로나19로 확산된 비대면 문화에 맞게 배달과 포장 고객만을 상대로 운영되는 소규모 매장이다. 5,000만 원 정도만 투자하면 매장을 낼 수 있어 소자본 창업을 희망하는 사람들에게 인기가 좋다. 윤 회장은 "한 달에 1,000만 원 이상 수익을 내는 B.SK 매장이 나오면서 지난 7월부터 가맹점을 확장하기 시작했다. B.SK 매장이 현재 약 100개 있는데 올해 말까지 500개까지 늘리는 게 목표"라고 전했다.

청년, 예비 창업자들을 위한 조언도 이어졌다. 윤 회장은 "기회는 준비하는 자만이 가질 수 있는 가장 위대한 선물"이라면서 "목표와 꿈을 미리 정하고 정진하는 것이 성공비결"이라고 귀띔했다. 윤 회장은 자신의 어린 시절 이야기를 꺼내면서 "어린 시절부터 기업인이 되는 것이 꿈이었으며, 어떻게 하면 기업인이 될 수 있을지, 어떤 기업인이 될지 등을 수시로 생각했다"며 "기업을 경영해오는 동안 외환위기, 조류독감 등 수많은 위기가 있었지만 위기 때마다 위기를 새로운 기회로 바꾸기 위해 끊임없이 노력한 덕분에 지금의 자리에 올 수 있었다"고 밝혔다.

그는 또한 기업 특히 외식업 경영에 있어서 가장 중요한 것은 고객 지향주의라는 점을 청년, 예비 창업자들에게 강조했다. 윤 회장은 "최근 일부 프랜차이즈 기업들 중에 본사가 가맹점에게 소위 갑

질을 하는 사례들이 등장하면서 프랜차이즈 산업 자체에 대해 오해하는 사람들이 있다"며 안타까워했다. 그러면서 그는 "제너시스 BBQ그룹은 프랜차이즈 사업을 하기 때문에 1차 고객은 가맹점주라는 경영 이념을 잊지 않기 위해 지속적으로 노력해오고 있다. 가맹점이 살아야 본사가 살 수 있다는 것을 늘 유념하고 가맹점 입장에서 항상 먼저 생각하겠다"고 약속했다.

┃ 스타트업 투자의 귀재가 꼽는 유망 업종

팀 드레이퍼 DFJ 창립 파트너

글로벌 벤처 투자자로 드레이퍼 어소시에이츠와 DFJ를 설립했다. 그의 회사는 코인베이스, 로빈후드, 트위치TV, 스카이프, 테슬라, 바이두 등의 기업들에 투자했다. 그는 비트코인, 블록체인, 가상화폐 등의 분야에서 대표적인 연사로 활동하며, 세계에서 가장 큰 금액의 가상화폐를 발행하는 두 회사인 테조스코인과 방코르에 대한 투자를 끌어냈다.

테슬라, 트위치 등 세계적 기업을 초창기 때부터 발견해낸, 스타트업 투자의 귀재가 바라본 유망 산업은 무엇일까? 유망 스타트업의 초기 투자자로 유명한 팀 드레이퍼 DFJ 창립 파트너는 "은행업·보험업·헬스케어·부동산업"을 미래 스타트업의 유망 업종으로 꼽았다. "은행업·보험업·헬스케어·부동산업은 산업 자체가 바뀔 업종이기 때문에 기업가들이 이 분야에서 상당한 영향력을 발휘할 수 있을 것"이라고 밝혔다.

그는 "지금 보험사들의 운영 구조를 보면 매달 보험료를 계속 납

부하다가 특정 이벤트가 발생하면 이를 심사해서 지급하는 구조"라면서 "그러나 지금은 데이터를 활용해 더 좋은 보험 상품을 충분히 만들 수 있기 때문에 기존 보험사보다 더 나은 보험 스타트업이 충분히 나올 수 있다"고 강조했다. 은행업에 대해서는 "비트코인 기술의 발전으로 계약을 추적하고 자금의 흐름을 파악하기 용이해 전자상거래 관행을 바꿀 수 있다"면서 "은행업이 비약적으로 발전할 수 있는 계기가 될 것"이라고 밝혔다. 이어 헬스케어 업종에 대해서도 "데이터를 활용해 의사들보다 더 정확하게 환자를 진단할 수 있으며 이를 통해 완전히 새로운 의료 서비스를 만들 수 있다"면서 "여기에 인공지능까지 활용하게 되면 헬스케어 산업의 잠재력이 폭발하여 엄청난 시장이 형성될 수 있다"고 밝혔다. 그는 또 "부동산업도 블록체인으로 연결되면서 판도가 변할 것"이라고 말했다.

드레이퍼는 새로운 기업을 찾아 나설 때 그 기업이 풀기 어려운 난제를 해결하는 기업인지 여부를 가장 주목한다고도 밝혔다. 그는 "신기술을 가지고 산업에 진출해 문제를 해결하고 수익 창출이 가능하며 궁극적으로 산업을 장악할 수 있는 기업을 찾는다"면서 "특히 세상에 큰 영향을 주는 문제를 어떤 방식과 제품으로 해결하는지를 눈여겨본다"고 말했다.

그가 테슬라, 트위치, 핫메일 등 굴지의 기업에 종업원 수가 두 명에 불과했던 초창기부터 투자한 것도 바로 이런 기준을 적용했기 때문이다. 드레이퍼는 "이들 기업에는 강력한 비즈니스 모델과 비전, 헌신이 있었다"면서 "나는 내가 투자하는 돈의 절반을 잃을 것이라는 걸 알고 있지만, 나머지 절반의 투자에서 산업을 혁신할 기업이 나오리라는 것도 알고 있다"고 강조했다.

　그의 역할은 유망 기업을 발굴하는 것에 그치지 않는다. 그는 아이디어는 훌륭한데 창업 방법론이 부족한 인재들을 교육시키는 데도 사력을 다하고 있다. 드레이퍼는 이 같은 이유로 드레이퍼 대학을 설립했다. 그는 "기업인들을 성공으로 이끌어주기 위해 2주 온라인 프로그램을 만들었다"면서 "여기서 뛰어난 기업인들을 실리콘밸리에 모아서 5주간의 '히어로 드레이닝'을 실시한다"고 밀했다. 이미 이 과정을 거쳐 간 기업인들이 전 세계 76개국에서 활약 중이며 그는 이들 중 상당수에 투자하기도 했다.

　방송 프로그램을 통해 '기업가 정신'의 대중화에 앞장 선 것도 그의 공로다. 드레이퍼는 "900만 명의 시청자를 확보한 크라우드 펀딩 프로그램을 방송하고 있다"면서 "방송을 보면서 시청자가 직접 크라우드 펀딩을 통해 투자할 수 있도록 설계된 프로그램인데 기업가 정신 확산을 위한 역할을 하고 있다"고 말했다.

　드레이퍼는 스타트업 성장을 위해 정부의 역할도 변해야 한다고 강조했다. 그는 "세계에는 두 종류의 리더가 있다"면서 "한 리더는 과거에 집착해 국민과 국경을 통제하려는 반면 다른 리더는 국경을 개방하고 자유시장과 자유무역을 추구한다"면서 "중국이 비트코인을 통제하고 일본이 비트코인을 인정하자, 많은 기업인들이 중국에서 일본으로 이동했다. 기업인들에게는 국경을 넘어갈 수 있는 유연성이 있는 만큼 정부는 더 좋은 서비스를 제공하기 위해 경쟁해야 한다"고 말했다. 이어서 그는 "에스토니아가 직접 그 나라에 거주하지 않아도 사업을 영위할 수 있도록 하는 혁신적 정책이 인상적"이라고 밝혔다.

그는 또 한국의 훌륭한 스타트업들이 좀 더 세계 시장을 지향해야 한다고 조언했다. 드레이퍼 회장은 "한국은 훌륭한 기술 기반을 갖고 있어 스타트업을 도전하기에 적절한 국가"라면서도 "그러나 아직까지 한국 스타트업이 충분히 글로벌화 돼 있지 않은 것으로 보인다. 국경을 넘어서는 기업 활동의 자유가 기업가 정신에 있어 가장 중요한 요소"라고 강조했다.

▌ 체험형 마케팅 시대의 도래

마틴 소럴 S4캐피탈, WPP 창업자
마틴 소럴은 세계 최대 광고 및 마케팅 업체인 WPP 창업자다. WPP는 세계적인 대기업 고객을 상대로 광고, 미디어 투자 관리, 소비자 관리, 홍보, 브랜드 이미지, 인터넷 마케팅, 통신 서비스를 제공하고 있다. 그는 하버드대, IESE, 런던 정경대, 인도 비즈니스 스쿨 등을 포함해 세계 경영대학들의 고문 역할을 하고 있다.

헤르마완 카르타자야 마크플러스 창립자 겸 회장
인도네시아에서 컨설팅, 연구, 교육, 미디어 서비스를 하는 통합 마케팅 솔루션 업체인 마크플러스의 창립자이자 회장이다. 인도네시아 마케팅 어소시에이션 회장, 아시아 중소기업협의회 회장, 세계중소기업학회 인도네시아의 회장을 겸직하고 있다.

"코로나19는 불평등을 더 심화시켰다. 같은 국가 내에서뿐만 아니라 국가들끼리도 말이다. 일단 세 가지 가장 큰 변화가 있었는데 첫 번째는 소비자에 대한 영향력이다. 이제 대부분의 소비자는 온라인으로 돈을 쓴다. 두 번째는 전통적 미디어의 위기다. 세 번째는 제대로 통제되지 않고 있는 회사가 큰 타격을 입었다는 점이다." 마틴 소럴 WPP 창업자의 분석이다.

코로나19 이후의 시대에 마케팅은 어떻게 변화할까. 광고로 설득하는 관리형 마케팅의 시대가 가고 체험형 마케팅의 시대가 왔다. 현재 마케팅은 단순히 보여주는 것에 그치는 것이 아니라 체험의 반응 수와 질을 높여 더 많은 고객이 오게 하는 트래픽 싸움이라는 뜻이다. 마케팅 트렌드에 맞춰 체험형 마케팅에 나선 소비자를 설득하기 위한 기업의 최적 대응 전략을 알아보자.

마틴 소럴은 코로나19가 전 세계적으로 어떤 영향을 미쳤는지 설명했다. 그는 첫 번째 변화로 "온라인으로 상품을 구매하는 소비자가 크게 늘어 미국 소비자 중 3분의 1이 인생 최초로 생필품과 식료품을 온라인으로 구매하고 있다. 아이들도 온라인으로 교육받고 금융 서비스도 온라인으로 받는다"고 말했다. 그는 유니레버의 예시를 들어 "유니레버를 운영 중인 앨런 조프는 중국에서 회사를 운영할 때 사스 사태에 큰 영향을 받았다"며 "중국 소비자들은 사스 사태로 온라인 기술을 받아들이게 됐다"고 설명했다.

소럴은 두 번째 변화로 전통적 미디어가 지고 대신 그 자리를 디지털 매체가 채우고 있다고 짚었다. 그는 "신문, 잡지 등 전통적 미디어는 어려움을 겪고 있다"며 "루퍼트 머독마저 문을 닫았을 정도"라고 설명했다. 반면에 "넷플릭스나 디즈니 플러스 같은 스트리밍 서비스는 지금 매우 성공적이다. 현재 1억 명에 이르는 시청자를 확보했고 기존의 공중파를 위협하고 있다"고 말했다.

마지막 변화로는 팬데믹이 특히 기업과 회사에 큰 영향을 줬다는 점을 지적했다. 소럴은 "코로나19가 가장 많은 영향을 미친 것은 기업, 회사 등이다. 특히 경영권과 통제가 분리되어 있거나 경영권과 소유가 분리된 회사들이 어려움을 겪고 있다"고 말했다. 그는 "2008년 금융위기 이후로 기업 차원에서 가장 몰두했던 것은 GDP에 맞춰 기업 가치를 올리는 것이었다. 그 방법은 비용을 절감하는 방식이었는데 코로나19로 더는 그런 방식이 통하지 않게 됐다"고 설명했다.

디지털 시대에 있어 가장 중요한 성공 요인이 무엇이냐는 질문에 소럴 창업자는 "구글, 페이스북, 틱톡 등 플랫폼이 중요하다"고 말했다. 특히 중요한 자질로는 더 빠르고, 더 낫고, 더 저렴해야 한다는 점을 꼽았다. 소럴은 "더 빠른 것은 민첩성을, 더 낫다는 것은 여러 기업을 잘 이해한다는 것을, 더 저렴하게는 효율성을 뜻한다"고 말했다. 특히 가장 중요한 것으로 민첩성을 꼽았다. 그는 "신생기업을 이해해야 최신 트렌드 기술을 이해할 수 있다"며 트렌드에 뒤처지지 않아야 한다고 설명했다.

광고의 변화에 대해서도 통찰력을 나눴다. 소럴은 "우리는 현재 플랫폼 사회에 살고 있다"며 "사람들은 플랫폼에서 즉각적으로 콘텐츠를 보기 때문에 시간이 오래 걸리는 완벽한 광고를 만들어낼 순 없다"고 말했다. 실시간으로 콘텐츠를 만들어 소비자에게 대응해야 한다는 뜻이다.

헤르마완 카르타자야 마크플러스 창립자는 "코로나19 이전으로는 절대 돌아갈 수 없을 것"이라며 "인간의 얼굴을 한 기업가 정신이 필요하다"고 강조했다. 기술 자체가 모든 것을 해결하지는 못한다는 뜻이다. 또 카르타자야는 중국의 역할이 부상할 것이라 말했다. 그는 "지금 틱톡을 비롯한 많은 소셜 미디어를 중국에서 개발 중이다"라며 "지금까진 서방국가에서 많은 것을 배웠다면 앞으로는 중국이 변화를 가져올 것"이라고 설명했다.

▌근거리·단기 배송에 더욱 특화되는 배달 플랫폼

니클라스 외스트버그 딜리버리히어로 창업자 겸 CEO
딜리버리히어로의 창업자이자 현 CEO이다. Pizza.nu(OnlinePizza.se)를 창업하면서 회장으로 재임했다. 2009년에는 오스트리아, 폴란드, 핀란드 지역에서 음식 배달 플랫폼의 출시와 확장을 주도했다. 2011년에 딜리버리히어로를 창업했고 베를린에서의 스타트업 동업자들과 함께 국제 시장 진출을 추진했다.

독일 베를린에 본사를 두고 있는 글로벌 1위 배달 플랫폼 기업 '딜리버리히어로'. 이 회사의 창업자 니클라스 외스트버그 CEO는 지난해 12월 '배달의민족'을 운영하는 '우아한형제들'과 4조 7,500억 원 규모 인수합병을 발표하면서 국내 IT 및 스타트업 시장을 뒤흔들었다. 총 43개 국가에서 28개 브랜드를 이끌고 있는 딜리버리히어로는 국내에서도 2위 배달 애플리케이션인 '요기요'를 운영하고 있다.

코로나19는 딜리버리히어로에 어떤 변화를 가져다줬을까. 외스트버그 CEO는 "가장 큰 변화는 모든 사람을 안전하게 지키는 데 서비스의 초점이 맞춰진 것에 있다"고 설명했다. 비대면·무접촉 방식의 배달이 자리 잡았고 이를 위해 물류 네트워크도 상당히 많이 바뀌었다. 요기요는 지역사회에 도움이 필요하다는 점을 확인하고 병원과 정부 기관에 의약품을 기부하기도 했고, 코로나19로 매출 감소 등을 겪고 있는 소상공인들에게는 수수료를 인하해주기도 했다. 이 같은 지원안의 배경에는 딜리버리히어로가 구성원들의 발전을 전제로 하는 플랫폼 기업이기 때문이라는 시각이 있었다고 설명했다.

그렇다면 '라스트마일 배송'으로 전선이 집중되고 있는 까닭은 무엇일까. 라스트마일 배송이란 상품이 배송지를 떠나 고객에게 직접 배송되기 바로 직전까지의 서비스를 의미한다. 외스트버그는 "고객들이 이제 집 앞까지 상품이 배송되기를 원하고 있기 때문"이라고 설명했다. 그에 따르면 국내 외식업 시장에서 온라인으로 이뤄지는 주문은 77.7%다. 이 수치 자체도 미국 등 시장이 90% 수준을 보이는 것에 비하면 다소 낮다.

그러나 외스트버그가 더 주목하는 현상은, 배송 시장에 물품이 다양해지고 더 많은 기업들이 참전하면서 시장 자체가 커지고 있다는 점이다. 그는 "대형 이커머스 회사들이 기존에 배달 애플리케이션들이 제공하던 배달 서비스에 참여하고 있다. 우리도 음식뿐 아니라 전자제품과 같이 일반 상점에서도 살 수 있는 물품을 플랫폼에 탑재하고 유통까지 할 것"이라고 말했다. 기존 대형 이커머스는 거점 물류센터를 활용해 24시간 안에 배송하는 데 비해 배달 애플리케이션은 그보다 배송 시간을 짧게 설정한다. 이러한 점 때문에 그는 배달 애플리케이션이 근거리·단기 배송에 더 특화된 서비스를 제공할 수 있을 것이라고도 자신했다.

배달의민족을 운영하고 있는 우아한형제들에 투자하기로 결심한 배경에 대해서는 "우리가 투자하고 인수할 때 가장 중요하게 생각하는 건 현지에 설립자가 있고 그 회사의 설립 멤버들이 우리와 함께 일할 수 있느냐인데, 우아한형제들도 예외가 아니다"라고 말했다. "김봉진 우아한형제들 대표를 만난 지 10년이나 됐다. 그는 지역 사회와 식당, 소비자를 생각하는 가치관이 우수한 사람이기에 우아한형제들이 더 빠르게 성장할 수 있도록 도와주고 싶었다"고도 덧붙였다.

외스트버그는 한국 시장에서 사회적 문제로 대두되고 있는 급격한 '배달비 인상'에 대해서도 의견을 내놨다. 수도권 지역을 중심으로 일반 음식점이 오후 9시부터 새벽 5시까지 매장 영업을 할 수 없는 '사회적 거리두기' 2.5단계가 시행되면서 배달 건수는 폭증했고, 자영업자들이 배달 라이더들에게 지불해야 하는 배달비 또한 증가했다. 배달의민족이나 요기요가 직접 고용하는 라이더들의 운임비는 증가하지 않았지만 이들 역시 라이더들을 유인하기 위해 다양한 지원책을 내놓고 있어 비용이 증가하는 상황이다.

외스트버그는 물류 혁신과 규모의 경제에 답이 있다고 했다. 그는 "물류 체계를 개선하고, 음식뿐 아니라 다른 상품도 배달 애플리케이션으로 배송하면, 규모의 경제가 발생해 비용을 효율적으로 쓸 수 있을 것"이라고 답했다. 음식은 오후 7~8시, 식자재는 오후 5~6시, 이커머스는 아침에 배송 물량이 몰리는 만큼 배송 카테고리를 다양화해 효율화를 도모하겠다는 것이다. 외스트버그는 "이미 대만과 중동 시장에서 이러한 변화가 나타나고 있는 것을 미루어볼 때 한국에서도 2년 안에 물류 효율을 두 배 이상 성장시킬 수 있을 거라고 본다"고 말했다.

이는 요마트(요기요에서 상품을 대량 구매해 직접 배달하는 서비스)의 운영 전략과도 맞닿아 있다. 외스트버그는 "현재 요마트는 음식과 식자재에 방점을 두고 있지만, 나중에는 집에 두고 간 편지까지 15분 안에 전달하는 무형의 서비스로까지 배달 종류를 늘릴 수 있다"고 말했다.

3

항공·여행·럭셔리 산업의
비대면 생존법

▌라이프스타일 비즈니스로 변화하는 항공사

토니 페르난데스 에어아시아그룹 CEO
저비용 항공사 에어아시아 CEO인 그는 카마루딘 메라눈과 에어아시아를 공동설립했고, 지역 항공관광의 자유를 증대시킨 것으로 잘 알려져 있다. 그들은 2년이 채 지나지 않아 에어아시아를 말레이시아 국내 항공사에서 아시아 최대 규모의 저비용 여객항공사로 성장시켰다.

"2001년 9·11 테러와 2003년 사스SARS(중증급성호흡기증후군) 사태처럼 위축된 항공 수요는 머지않아 회복할 것입니다. 여행객들이 새로운 안전과 위생 요건에 따른 여행규범을 빠르게 배워갈 것이기 때문입니다." 아시아 최대 저비용항공사인 에어아시아의 창업자, 토니 페르난데스 회장의 전망이다.

코로나19 팬데믹에 전 세계 항공사들이 사상 초유의 위기에 처했지만, 국가 간 국경을 영원히 폐쇄할 수 없기 때문에 결국에는 사람들이 새 환경에 적응해나갈 것이라는 뜻이다. 페르난데스 회장은 코로나19 사태에 대해 "이전까지 항공 산업에 이보다 더 큰 타격은 없었다"며 "항공사들은 가장 큰 도전에 직면해있다"고 진단했다. 이어 "이번 사태가 그동안 겪어왔던 수많은 위기 중 가장 심각한 것은 분명하나 최악은 이미 지났고 우리는 살아남을 것"이라고 강조했다.

그러면서 "9·11 테러 이후 항공사에 대한 강력한 보안 조치가 내려졌고, 당시 많은 사람들은 항공 산업이 내리막길을 걸을 것이라고 했지만 금세 회복했다"고 덧붙였다. 특히 "아시아 국가들은 발빠르고 효율적으로 이번 사태를 대처했기 때문에 시장 회복이 비교적 빠를 것이다. 최근 항공기 운항이 속속 재개되고 있고, 올 연말이면 끊겼던 국경도 재개될 것으로 본다"고 관측했다.

그는 코로나19 위기에 대응하는 데 몸집이 가벼운 저비용항공사들이 대형항공사보다 상대적으로 유리하다고 분석했다. "이번 사태로 노선 운휴 및 축소에 적응해야 하는데, 그런 면에서는 대다수 운항 노선이 중·단거리로 꾸려진 저비용항공사가 대형항공사에 비해 대응하기 더 수월하다"며 "에어아시아의 브랜드 파워와 저가비용 모델은 이번 고비를 빠르게 이겨낼 수 있는 힘"이라 설명했다.

지난 7월부터 에어아시아는 항공운항증명을 보유한 말레이시아·태국·인도네시아·필리핀·인도·일본 6개국에서 국내선 운항을 재개했고, 상당수는 이미 코로나19 이전의 절반 수준까지 회복됐다. 연말까지 추가 증편을 통해 국내선 운항률을 최대 100%까지 끌어올릴 계획이다.

코로나19 사태를 계기로 항공 산업이 급격히 변화할 것이라는 전망도 내놨다. 그는 "코로나19 확산이 진정되면 가장 먼저 억압돼 왔던 항공 수요가 늘어날 것"이라며 "이후 항공기 탑승 절차나 방역 및 위생 작업, 자가진단 방식 등에서 큰 변화가 생길 것으로 예상된다"고 말했다.

그리고는 "포스트 코로나 시대에 대비해 여행·음식·금융 등을 결합한 라이프스타일 플랫폼 비즈니스로 사업 영역을 넓혀가고 있다"고 했다. 이번 사태를 겪으면서 항공 산업이 빠르게 변화하고 있고, 이 과정에서 항공사들이 살아남으려면 기존 여객운송 사업만으로는 한계가 있다는 의미로 해석된다.

특히 그는 이번 사태가 오히려 항공 산업의 '디지털 전환Digital Transformation'의 기회가 됐다고 강조했다. 페르난데스는 "코로나19로 인한 휴업기간 동안 디지털 혁신 사업에 집중했다"며 "핵심은 여객 수송 외에 추가 수익을 창출하는 일"이라고 말했다.

대표적인 사례로는 웹 사이트이자 모바일 애플리케이션인 '에어아시아닷컴'을 꼽았다. 에어아시아닷컴에서는 에어아시아뿐 아니라 다른 항공사의 항공권을 구매할 수 있다. 매달 이용자 수는 6,000만 명에 달한다. 또 국내선을 무제한으로 탑승할 수 있는 '패스권'도 출시했다. 현재까지 20만 장의 패스권이 판매됐다. 여행 애플리케이션인 '스냅'도 운영하고 있다. 온라인 호텔예약 플랫폼인 아고다·트립닷컴과 파트너십을 맺고 다양한 시너지 효과도 모색하고 있다.

디지털 전환 중 가장 주력하고 있는 분야는 항공 여행의 전면 비대면 시스템을 구축하는 일이다. 에어아시아는 항공편 정보를 제공하는 인공지능 챗봇 서비스 'AVA'와 얼굴인식을 활용한 공항 탑승 시스템 'FACES' 등을 운영하고 있다. 지난달에는 여행 자격을 사전에 확인할 수 있는 여행 문서 스크리닝 서비스 '스캔투플라이 Scan2Fly'도 출시했다. 에어아시아닷컴을 비롯한 다양한 서비스들을 이용하면 항공권 구입부터 항공기 탑승까지 사람을 대면할 필요가 없다.

한국 항공시장에 대해서는 "한국은 최근 아시아에서 가장 빠르게 성장하는 시장 중 하나"라며 "일부 노선의 경우 지난 수년간 많은 공급이 몰리며 치열한 경쟁을 보였다"고 분석했다. 그러고는 "코로나19를 계기로 이러한 경쟁이 줄고 업계 판도가 바뀔 수 있다. 에어아시아도 시장 진입 및 확장을 위한 기회로 보고 있다"고 덧붙였다. 또 "이번 사태가 진정 국면에 들어선 뒤 여행 제재가 완화되면 한국에서의 사업 확장을 적극적으로 재검토할 것"이라며 "가능한 조속히 서울과 부산, 제주 등의 한국행 인기 노선을 재개할 방침"이라고 했다.

▌지속가능하고 원활한 미래 모빌리티 생태계

스티브 노드룬드 보잉 넥스트 사장

스티브 노드룬드는 안전하고 지속가능한 미래 모빌리티 생태계 구축을 전담하는 사업부인 보잉 넥스트 사장이다. 보잉 넥스트는 차세대 공역 관리와 글로벌 공역 통합에 대한 보잉의 접근 방식을 주도하는 사업부이며, 자율 및 유인 항공기가 안전하게 공존하는 미래를 위해 규제 기관 및 업계 파트너와 협력하고 있다.

"현재 팬데믹 상황이기에 항공 산업이 사실 큰 타격을 받았습니다. 재정적으로 큰 타격을 받아 지속적인 투자가 어려울 수 있습니다. 하지만 창업가 입장에서는 이 상황이 오히려 기회로 작용할 수 있습니다."

스티브 노드룬드 보잉 넥스트 사장은 최근 항공 산업 상황과 관련해 "여러 문제가 발생했고 지금 충족되지 못하는 수요가 존재하기에 스타트업이 뛰어들 수 있는 기회 또한 생기고 있다"며 "이러한 상황들을 적극적으로 활용하면 좋을 것"이라고 역발상을 주문했다.

노드룬드 사장은 무인 항공기 분야에 보잉 등 세계적인 대기업과 삼성, 한화, 현대 등 한국의 대기업이 자리 잡고 있지만 스타트업이 충분히 업계에 진출할 수 있다고 봤다. 그는 "생태계라는 것은 시간이 지나면 진화하기에 이 속에서 기업마다 제시할 수 있는 차별화 전략이 있다. 많은 기술이 필요한 상황이기에 각 스타트업들이 할 수 있는 역할을 찾을 수 있다고 생각한다"고 전했다.

구체적인 방법으로는 대기업과 협업하는 방안을 제시했다. 노드룬드 사장은 "항공업계가 판매나 제품 개발의 사이클이 길기 때문에 스타트업 입장에서는 이를 견뎌낼 수 있는 지속성을 확보하는 것이 굉장히 어렵다"며 항공 산업에 뛰어든 스타트업이라면 대기업과 협업하는 것이 유리하다고 조언했다.

또한 그는 '다양성'을 유지할 것을 강조하면서 스타트업이 여러 대기업과 협업하는 방안을 제시하기도 했다. 노드룬드는 "기업을 운영하는 기술에 해당한다고 볼 수도 있는데, 다양성을 유지하는 것이 중요하다"며 "단 한 가지만 잘하고 한 기업과만 전략적 협력관계를 맺는 것은 위험할 수 있다"고 말했다. 2009년 보잉에 입사하기 전까지 그는 전 세계 많은 스타트업에서 일했던 경험이 있기에 새로운 창업자 후배들에게 노하우를 알려준 셈이다. 그는 최초 스타트업을 창업했을 때를 추억하면서 "기술이 있어서 기술을 어디에 사용할까를 생각하기보다는 문제를 먼저 파악하고 이에 대한 해결책을 찾는 것이 적절한 방식"이라고 설명했다.

실제로 보잉은 안전하고 지속가능하면서도 원활한 미래 모빌리티 생태계를 조성하는 것을 우선적인 목표로 여러 스타트업과 협력하고 있다. 노드룬드는 "작은 스타트업이 갖고 있는 특별한 기술을 우리의 생태계, 우리의 공급망에 담을 수 있는지를 검토하고 있다. 스타트업이 우리가 갖고 있는 목표 달성에 기여할 수 있는 부분이 있다면 전략적인 협력관계를 맺고 있다"고 말했다. 이어 그는 "보잉 입장에서 봤을 때 스타트업에 투자하는 목적은 새로운 역량이나 기술을 스타트업을 통해 얻는다면, 기술을 직접 만들지 않고도 목표에 더 빠르게 접근할 수 있기 때문"이라며 "연구개발실과 협업해 기술적으로 보완할 점을 채워나가고자 한다"고 전했다.

노드룬드는 "사람들은 일반적으로 날아다니는 자동차 즉 항공 플랫폼에 대해서만 고민하지만, 이 플랫폼이 얼마나 효율적이고 안정적으로 운영될 수 있을까를 더 고민해야 한다"면서 "새로운 교통 모드가 이행되기 위해서는 비행기와 관련된 생태계가 마련돼야 하고, 이 속에서 소비자들이 어떤 수요를 가지고 있는지를 생각해야 한다"고 말했다.

노드룬드는 코로나19의 전 세계적 확산에도 불구하고 모빌리티의 미래, 특히 한국의 발전 가능성이 높다고 진단했다. 그는 "코로나19 사태로 타격을 받아 전 세계적으로 항공 산업의 투자가 둔화된 것은 사실이지만, 한국은 야심찬 목표를 가지고 있어 여전히 계속해서 발전할 동력이 확보돼 있다"고 전했다. 노드룬드가 언급한 한국의 목표는 지난 6월 국토교통부에서 발표한 '한국형 도심항공교통K-UAM 로드맵'이다. 이 로드맵엔 차세대 모빌리티인 도심항공교통UAM을 2025년에 상용화 서비스하는 내용이 담겼다.

소위 '에어 택시'가 상용화되려면 여러 선행조건이 필요하다는 의견도 피력했다. 그는 "'에어 택시'를 탑승하는 것은 격한 움직임이 있을 수 있어 대형 제트기에 타는 것과는 다르다. 사람들이 편안함을 느낄 수 있는 수준이 어느 정도인지에 대한 추가 조사가 필요하다"며 안전 기술의 완성, 신뢰 구축, 효율적인 비용체계 개선 등의 과제를 언급했다.

▌비대면 여행을 현실화하는 디지털 기술

김종윤 야놀자 온라인부문 대표

야놀자 온라인부문 대표로 국내외 숙박 및 레저 액티비티 플랫폼 부문, 글로벌 투자 유치 및 기업 인수 등 사업전략 부문을 총괄하고 있다. 3M, 구글, 맥킨지 등 글로벌 혁신 기업을 거쳐 야놀자에 합류했다. 디지털 전문 역량과 사업 전략 수립 노하우를 기반으로 매년 두 배 이상의 양적 성장과 여행 및 레저 산업의 질적 고도화를 이끌고 있다.

여행 산업은 코로나19로 가장 큰 타격을 입은 산업 중 하나다. 바이러스 확산과 함께 세계 각국이 국경을 걸어 잠갔고, 국내 여행도 원하는 만큼 자주 가지 못하게 됐기 때문이다. 그만큼 코로나19로 구축된 '뉴노멀'에 새롭게 적응하려는 움직임도 적극적으로 나타났다. 김종윤 야놀자 온라인부문 대표는 코로나19로 달라진 여행 산업의 현실과 디지털 전환에 대해 심도 있는 강연을 펼쳤다. 야놀자는 투숙객과 숙박시설을 이어주는 여가 플랫폼에서 시작해 '트래블 테크'를 표방하는 스타트업으로, 지난해 기업가치가 1조 원이 넘는 유니콘 기업으로 등극했다.

김 대표는 코로나19 이후 여행업계에서 나타난 세 가지 변화를 소개했다. 우선 지역 여행 자산과 콘텐츠 개발이 활발하게 이뤄졌다. "보통 (국내 여행객들이) 해외여행을 갈 때는 온라인으로 미리 자료를 서치하고 그를 바탕으로 현지 구석구석을 돌아다니지만, 국내 여행에서는 유명한 스팟을 '찍고 오는' 형태로 다녀오는 경우가 많았다"고 설명했다. 그러나 최근 여행 관련 소셜 미디어 콘텐츠를 살펴보면 '국내에도 이렇게 좋은 곳이 있었어?' 하는 반응들이 많이 나올 만큼 국내 여행 콘텐츠들이 쏟아졌다는 것이다. 김 대표는 야놀자 사무실이 있는 해외 5개국에서도 이 같은 현상이 나타나고 있다고 덧붙였다.

보건·위생 조치 강화로 인해 여행 비용이 증가한 현상도 두드러졌다. 코로나19로 장기간 여행 수요가 없어지면서 비행기 제작 오더도 줄어드는 등 여행 관련 공급도 크게 지연되고 있다. 김 대표는 여기서 나아가 "코로나19 상황이 개선되면 단기직으로 수요가 공급을 넘게 될 것이고 이는 가격 상승을 불러올 것"이라고 설명했다.

비대면 트렌드에 대한 수요가 늘어날 것이라는 점도 지적했다. 그는 "언택트는 단순히 '무인' 형태의 서비스가 아니라 사람과 대면하지 않고도 편리하게 호텔을 이용할 수 있도록 하는 것"이라며 "이는 블록체인, 사물인터넷, 머신러닝, 클라우드 등 다양한 기술들이 여행·레저업에 침투하게 하는 촉매제가 될 것"이라고 내다봤다.

그는 여행업계에서의 디지털 전환에 대한 나름의 해석도 내놓았다. 돈과 비용이 부족해 적극적인 여가를 즐기지 못하는 사람들이 디지털 전환으로 이 같은 경험을 보다 충분히 누릴 수 있을 것이라고 예측한 것이다. 김 대표는 "과거 30년 동안 전 세계적으로 근로시간은 27% 감소했고 그만큼 노는 시간이 늘어났다"면서도 "아시아 국가는 여가만족도가 떨어진다"고 분석했다. 이 지역은 상대적으로 컴퓨터 게임·TV시청 등 소극적 여가생활이 주를 이루고, 더 큰 만족을 줄 수 있는 여행·스포츠 등 적극적 여가는 돈과 시간이 부족해 즐기지 못한다는 것이다.

그는 고객과 호텔 서비스 사이에는 여섯 단계의 가치사슬이 존재한다며 디지털 전환을 통해 한 단계마다 추가되는 비용을 떨어트려 여행·레저에 소요되는 비용을 줄일 수 있을 거라고 설명했다. 호텔 내에서도 보다 원활한 서비스를 제공할 수 있을 거라고도 내다봤다.

예컨대 호텔에서 하루를 묵은 뒤 조식을 먹으러 가는 상황을 가정하면, 투숙객은 식당 앞에서 직원에게 호수를 말하고 조식을 먹는다. 직원들은 사전에 조식을 먹을 투숙객의 현황을 문서로 정리해 이들이 식당을 방문할 때마다 체크해야 한다. 이런 형태의 서비스는 인건비를 발생시킬 뿐만 아니라 실수를 유발할 수도 있다. 디지털 기술을 활용해 서비스의 접점을 연결하면 복잡한 가치사슬의 단계를 단순화할 수 있다는 것이다.

이를 위해 각 서비스 부문에 적용될 수 있는 구체적인 기술도 제시했다. 고객의 정보가 거쳐 가는 여러 단계의 가치사슬을 한 단계로 연결해 두 단계만으로 축소시킬 수 있는 '클라우드', 고객 본인이 맞는지를 확인하는 데 필요한 '블록체인', 고객 피드백을 바탕으로 서비스를 개선하는 데 필요한 '빅데이터' 등이 대표적인 사례다.

야놀자는 이러한 기술을 바탕으로 효율적으로 호텔을 운영할 수 있는 통합 자동화 솔루션 '와이플럭스'를 출시했다고도 소개했다. 이 솔루션을 이용하는 호텔은 고객들이 로비에서 체크인·아웃할 때 불필요하게 기다려야 하는 시간을 줄일 수 있고 객실 안팎에서 고객 개인의 취향이 반영된 서비스를 제공받을 수 있다. 호텔 내에서 카드키를 늘 챙겨 다녀야 하며 잃어버릴까봐 걱정하는 수고도 덜 수 있다고 김대표는 설명했다. 그는 코로나19가 이처럼 원래 존재했지만 비용 때문에 범용화되지 않았던 온라인 솔루션들이 넓게 사용되는 데 기여할 수 있을 것이라 내다봤다.

▌직격탄 맞은 럭셔리 산업의 탈출구

크리스티앙 블랑카에르 전 에르메스 부회장

현재 럭셔리 브랜드 운영 컨설턴트로, 14년간 에르메스 부회장을 역임했다. 프랑스 럭셔리 브랜드의 대부분이 가입한 콜베르 위원회와 생 루이 크리스탈 회장을 지냈으며, 럭셔리 산업에 뛰어들기 전에는 프랑스 브리코라마와 톰슨 회장 겸 CEO를 역임했다.

장 노엘 카프페레 HEC 파리 명예교수

HEC 파리 명예교수로, 저명한 럭셔리 업계 전략가다. 미국 켈로그 경영대학원에서 박사학위를 취득했다. 현재 프랑스 인섹 경영대에서 럭셔리 산업의 세계적인 변화에 관해 연구 중이다.

'명품은 불황을 모른다'는 말도 코로나19 앞에서는 틀린 명제가 됐다. 여행·면세산업과 흥망을 같이 하는 특성 때문에 럭셔리 산업은 코로나19 이후 유례없는 불황을 맞고 있다. 비교적 바이러스 확산세가 일찍 진정된 한국과 중국에서는 선방하고 있지만 럭셔리 산업의 발원지라 할 수 있는 유럽에서는 학계와 업계를 불문하고 위기감이 팽배했다. 반면 온라인 판매 비중이 크게 늘면서 새로운 브랜드에는 코로나19가 도약의 기회가 될 것이라는 희망 섞인 전망도 나왔다.

크리스티안 블랑카에르 전 에르메스 부회장은 "럭셔리라고 해서 영원하지 않다"며 "30년 전 우리가 '루이비통'에 대해 무엇을 알고 있었냐"라고 질문했다. 그는 "럭셔리 하우스 디렉터들의 이야기를 들어보면 지금껏 그들이 핵심 자산이라고 느꼈던 매장과 유통망이 이제는 오히려 부채로 여겨지고 있다"고 설명했다. 럭셔리 산업에서 큰 비중을 차지했던 면세 산업도 큰 타격을 입었다며 "이를 어떻게 재활성화할 수 있을지는 아주 풀기 어려운 문제일 것"이라고도 말했다.

그는 큰 문제 중 하나로 럭셔리 산업과 협력해온 백화점이 위기 상황에 놓인 것을 지적하기도 했다. "6~7개의 유명 브랜드들이 생존을 우려하고 있는 것으로 안다"며 "많은 사람들이 바이러스에 감염될까 두려워 오프라인 매장을 찾지 않고 있기 때문"이라고 설명했다.

블랑카에르는 명품 브랜드들이 살아남을 수 있는 전략을 제시하기도 했다. 그는 "브랜드들은 두 단계의 위기를 넘어야 한다"며 "비용을 절감해 현금이 유출되는 것을 막는 것이 급선무"라고 말했다. 이어 "브랜드 CEO들의 경영 목적이 '성장'이었다면 이를 단기적으로는 '생존'으로 재설정하고 산업의 개편까지도 고려해야 한다"고 조언했다.

반면 인터넷처럼 비중이 적었던 채널이 개발 가능성이 큰 새로운 자산으로 떠오르고 있다고도 평가했다. 블랑카에르 전 부회장은 "예전에는 10%에 불과했던 럭셔리 산업의 온라인 판매 비중이 50%까지 올라갔다"고 말했다. 그는 "럭셔리를 희망하는 사람들은 늘 있다"며 "창의력은 있지만 그간 진입 장벽에 의해 시장에 들어오지 못했던 브랜드에게는 그들의 혁신성을 보여줄 기회가 될 것"이라고도 말했다.

글로벌 명품 에이전시 '부루벨 코리아'의 다니엘 메이란 회장은 코로나19로 초프리미엄 명품에 대한 수요가 오히려 증가하고 있는 한국 시장의 특수한 상황에 대해 설명했다. 럭셔리 산업을 연구하는 학계에서도 유사한 전망이 나왔다. 장 노엘 카프페레 HEC 파리 명예교수는 코로나19 바이러스가 명품 업계에 미친 불확실성이 역내 최대 수준이라며 브랜드들은 플랜 B는 물론 플랜 C까지 마련해야 할 것이라고 경고했다.

그는 "럭셔리 브랜드들은 200~300년 역사를 지니고 있기 때문에 여러 차례 혁명과 대변화를 겪었다"면서도 "이번 코로나19 사태는 글로벌 가치 사슬에 영향을 줘 전체 공급과 국가 간 상품 운송을 중단시켰다는 데 문제가 있다"고 지적했다. 이는 재고 부족을 겪을 바에는 과잉생산을 하는 패션 산업의 고질적인 특성과 더해져 대규모 재고와 함께 대량 할인을 해야 하는 결과로 이어졌다는 것이다.

그러나 카프페레 교수는 장기적으로는 낙관적인 전망을 내놓았다. 그는 "사람들은 현실을 좋아하지 않는다"며 "럭셔리 산업은 현재 신흥 국가에서 부상하고 있는 수백만 명의 부자들에게 사회적 지위라는 인식을 제공할 수 있는 분야"라고 말했다. 소셜 미디어가 사람들의 행동에 영향을 미치는 정도가 증가하는 것도 럭셔리 산업에는 긍정적이라고 평가했다. 소셜 미디어에 중독된 사람들은 외모에 집착하게 되고 자신의 이미지를 향상시킬 수 있는 방법을 찾다 럭셔리 상품을 구매한다는 것이다.

카프페레 교수는 럭셔리 산업의 회복을 앞당길 수 있는 방안으로 지속가능성을 나타내는 ESG(환경·사회·지배구조) 분야에 투자하는 것을 제안했다. 그는 "럭셔리 산업은 규모는 크지 않을지 몰라도 문화적인 여론을 주도한다는 점에서 큰 역할을 하고 있다"며 "많은 사람들이 업계가 이 같은 책임을 다해줄 것을 기대하고 있다"고 말했다. 전 세계적으로 많은 사람들의 여행을 전제로 하는 패션쇼 기반의 업계 관행에 대해서도 재고해봐야 한다는 메시지도 덧붙였다. 카프페레 교수는 "언택트로 쇼를 진행하면서도 관객들을 지루하지 않도록 할 수 있는 대안을 찾아야 할 것"이라고 말했다.

PART 3

팬데믹 이코노미

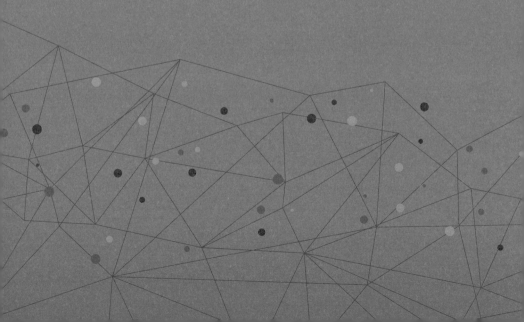

"

세상이 빠르게 변하기 때문에
우리의 투자 전략도 수정돼야 합니다.

성장할 수 있는 분야에는
적극적으로 투자합니다.
성장의 기회가 있다고 생각합니다.

"

스티븐 슈워츠먼 Stephen Schwarzman

세계 최대 대체자산운용사 블랙스톤의 회장이자 CEO이며 공동창업자이다. 그는 1985년 블랙스톤을 창
립한 이후 현재까지 회사의 모든 발전 과정을 함께 해 왔다. 2019년에 자신의 비즈니스와 인생 경험을
바탕으로 한 자서전을 출간해 〈뉴욕타임스〉 베스트셀러 작가로 등극했다.

코로나 이후 급부상할
매력적인 투자처

스티븐 슈워츠먼 블랙스톤 회장 | **박천웅** 이스트스프링 자산운용 대표

Topic 1 | 세계 경제와 미·중 관계

박천웅 첫 번째 질문을 드리도록 하겠습니다. 현재 글로벌 경제 상황을 어떻게 보시는지요? 긍정적으로 보시는지, 현재 경제가 회복될 것이라고 보시는지요?

슈워츠먼 현재 세계 경제 상황을 보면 회복 중인 것으로 보입니다. 물론 전 세계 여러 지역에서 코로나19가 다시 확산되고 있기는 합니다. 특히 미국도 그렇고 일부 유럽 국가에서 코로나19가 다시 확산되는 양상을 보이고 있습니다. 그래서 결국 코로나19 백신이 나오기 전, 혹은 신종 코로나19 바이러스 항원 복제를 해서 항바이러스제를 만들기 전까지 세계 경제는 서서히 회복될 수밖에 없을

것입니다. 그러나 의학 발전이 이루어지고 앞으로 6개월 내로 새로운 치료제나 백신이 나오게 된다면 전 세계 경제 활동이 다시 활발해질 것이라고 생각합니다.

박천웅 그렇다면 통화 정책에 있어서 긴축이라든가 금리 인상이 예상되는지요? 이러한 위험이 있는지 궁금합니다.

슈워츠먼 통화 정책과 관련해서 말씀드리자면 앞으로도 계속해서 완화 기조가 유지될 것으로 보입니다. 현재 전 세계의 중앙은행들은 경기 부양에 더 초점을 두고 있고 인플레이션보다는 경기 부양에 힘을 더 싣고 있는 상황입니다. 물론 인플레이션 상황이 될 수 있습니다. 미국 연방준비제도(중앙은행)의 발표가 최근에 있었는데 그 내용을 보면 더 많은 인플레이션이 있기를 희망한다고 했습니다. 현재 인플레이션 목표는 2%이지만 이를 넘어도 상관없다는 입장입니다. 오히려 지금 전 세계적으로 디플레이션이 진행되고 있다는 것이 문제입니다. 그렇기 때문에 중앙은행이 대응을 하고 있는 것입니다.

박천웅 회장님께서는 미국과 중국의 상황을 잘 알고 계실 텐데요. 미·중 관계가 장기적, 단기적으로 어떤 영향을 줄지 궁금합니다. 특히 전 세계에 어떤 여파를 줄까요?

슈워츠먼 현재 미국과 중국의 관계는 매우 복잡합니다. 먼저 한

가지를 짚어보자면 미국과 중국은 전 세계 2대 경제 강국입니다. 측정 방법에 따라 조금씩 다르긴 하지만 두 국가는 세계 경제의 35~40%를 차지하고 있습니다. 두 개 국가가 전 세계 200개 국가의 경제를 합한 것보다 큰 비중을 차지하고 있는 것입니다. 그렇기 때문에 전 세계에 미치는 여파가 클 수밖에 없습니다.

물론 강국들은 늘 경제에 영향을 미쳐왔습니다. 역사적으로 그래왔죠. 그렇기 때문에 미·중 갈등은 계속될 것입니다. 하지만 양국은 서로 공존하는 방법을 모색해야 합니다. 안전하고 생산적인 세계를 만들기 위해서는 함께 성장해야 합니다. 경제 문제도 있고 기술 관련된 이슈들도 여전히 존재합니다. 중국은 현재 여러 가지 보호 장벽들을 세워놓고 자국의 기술 기업들을 보호하기 위해 노력하고 있습니다. 미국 기업들은 훨씬 개방된 환경이기는 하지만 최근에는 그러한 분위기 또한 바뀌게 되면서 일부 중국과 비슷한 양상을 보이고 있습니다. 앞으로 어떻게 될 것인지 상황을 좀 더 지켜봐야 할 것입니다.

최근 미국과 중국 사이에 무역 협약이 체결됐습니다. 50년 만에 처음이라고 할 수 있겠는데 무역 협약이 2020년 1월에 서명되어서 현재 이행 중에 있습니다. 물론 미·중 관계의 여러 가지 삐걱거림과 이슈가 존재합니다. 특히 사이버와 기술 관련해서는 양국 갈등이 계속되고 있습니다. 하지만 상황을 좀 더 두고 보아야 할 것입니다. 이러한 종류의 긴장이 오랜 시간 지속되기는 어렵습니다. 아마도 궁극적으로는 미국과 중국 양국이 조화롭게 공존할 수 있는 길을 모색하지 않을까, 이렇게 내다보고 있습니다.

강국들은 늘 경제에 영향을 미쳐왔습니다.

역사적으로 그레왔죠.

그렇기 때문에 미·중 갈등은 계속될 것입니다.

하지만 양국이 서로 공존하는 방법을 모색해야 합니다.

안전하고 생산적인 세계를 만들기 위해서는

함께 성장해야 합니다.

스티븐 슈워츠먼 블랙스톤 회장과 박천웅 이스트스프링 자산운용 대표의 온·오프라인 하이브리드 대담 현장

박천웅 블랙스톤에 대한 질문을 드리겠습니다. 현재 상황에서 인수(딜) 시장은 어떠한가요?

슈워츠먼 딜은 언제나 많이 있습니다. 문제는 형성된 가격입니다. 최근에 가격이 약간 상승했습니다. 금리가 워낙 저금리 기조이기 때문에 그렇습니다. 금리가 저금리 기조로 유지되면서 주가와 채권금리가 상승하고 있는 국면입니다. 그렇기 때문에 일부 측면에서 사모펀드는 어려움이 존재합니다.

최근 저희는 앤세스트리닷컴이라는 회사의 인수를 마무리했습니다. 족보 사이트로 조상과 뿌리를 찾아주는 서비스를 제공하는 회사입니다. 저희가 함께하면 이 회사에 도움이 될 것이라고 생각합니다. 또한 일본의 다케다제약으로부터 소비자 헬스케어 부문을 인수했습니다. 여기에도 성장의 기회가 있다고 생각합니다. 빠르게 성장하는 기업들을 인수하는 것 또한 저희 사업의 또 다른 테마가 되겠습니다. 또 최근에 저희가 오틀리라는 스웨덴 회사의 지분을 인수했는데, 세계적인 귀리 우유 제조 회사입니다. 아주 빠르게 성장하고 있는 회사죠. 저희는 데이팅 서비스 회사의 지분도 인수했습니다. 이 회사 또한 빠르게 성장하면서 특히 젊은이들에게 어필하고 있습니다.

세상이 빠르게 변하고 있기 때문에 저희는 투자 전략도 수정하고 있습니다. 빠른 성장이 있는 분야 혹은 기업을 개선해 성장할 수 있는 분야에 적극적으로 투자를 하고 있습니다. 이것이 바로 사모 펀드 투자의 특징입니다. 이 외에도 흥미로운 여러 가지 일들이 진행되고 있습니다. 현재 저희 수중에는 약 1,500억 달러(약 169조 원) 이상의 자본이 확보돼 있습니다. 아직까지 저희에게 위탁이 돼 있지만 투자가 되지 않은 굉장히 많은 규모의 자본이 있습니다. 현재 부동산의 일부 자산군에서 조정기를 경험하고 있다고 봅니다. 2021년에는 꽤 적극적으로 부동산 쪽에 투자할 계획입니다.

Topic 3 | 한국의 투자 매력도

박천웅 최근에 한국에 적극적으로 투자를 하고 계신데 한국이 매력적인 투자처라고 보시는지요?

슈워츠먼 저희는 한국을 상당히 좋아합니다. 저희가 처음 한국에 투자 자금을 모집하고 투자를 시작했던 것이 2005년이었습니다. 당시 한국에서 170억 달러 규모를 모집할 수 있었고 그간 한국에서 매우 행복한 투자를 이어왔습니다. 저희는 한국에서 가장 큰 쇼핑몰 중 하나를 소유하고 있습니다. 또한 여러 한국 기업들을 인수하거나 지분을 확보한 바 있습니다. 한국의 최대 의약품 유통 업체라든가 패션 제조업체에 투자한 바 있습니다. 계속해서 기회를 찾아나가고 있습니다.

한국은 정말 훌륭한 국가입니다. 지난 15년에서 20년 동안 눈에

띄는 성장을 하였고, 현재는 세계적인 경제 대국입니다. 그뿐만 아니라 최근에는 코로나19 상황에서 훌륭하게 대처를 했습니다. 아마 주요 경제 강국 중에서는 가장 성공적으로 코로나19에 대응하고 있다고 평가할 수 있을 것 같습니다. 그래서 한국은 여러 분야에 있어 지침이 되고 있고, 또 투자 관련 흥미로운 기회도 많은 나라입니다. 한국의 경제는 잘 관리되고 있다고 생각합니다.

1

달리는 중국,
고전하는 유럽

▌경제 성장률 5% 목표로 달리는 중국

린이푸 베이징대 국가발전연구원 명예원장 겸 교수
중국을 대표하는 경제학자다. 2008년부터 2012년까지 세계은행의 수석부총재 및 수석
경제학자를 지냈다. 지금의 중국을 가능하게 한 경제정책 핵심이자 중국의 대표적 개혁파
경제학자로 꼽힌다. 현재는 중국 국무원 의원이자 중국인민정치협상회의 상무위원으로
일하고 있다.

린이푸 베이징대 교수는 중국 정부의 선택에 따라 2020년 하반기 7%대 성장으로 2020년의 경제 성장률이 5.3%를 기록할 수 있다고 전망했다. 이 5.3% 성장률이 중요한 이유는 2021년 공산당 창당 100주년을 앞두고 '2020년 GDP를 2010년의 두 배로 늘리겠다고 중국 정부가 공언했기 때문이다. 이는 2020년에 5.3% 이상의 성장률을 달성해야 가능한 것이다.

그가 이런 예측을 내놓은 근거는 두 가지 '우세'를 기초로 한다. 먼저 후발주자의 우세를 꼽을 수 있다. 한국과 일본, 대만 등이 개발도상국이었던 시절 두 자리 수에 가까운 성장률을 기록했는데 중국 또한 이들의 고도성장기와 같은 경로에 있다는 것이다. 나머지 하나는 높은 신흥 산업 비중이다. 그는 "미국이 우리에게 기술을 제공하지 않더라도 발전할 수 있다"며 "미국이 중국에게 잘 보이지 않는다면 우리 제품을 제공하지 않는 날이 올 것이다"고 말했다.

린이푸는 "2분기 중국은 3.2% 성장률을 거둬 상반기 총 -1.6%의 성장률을 기록했다"며 "쉽지 않지만 올해 하반기 정책카드를 총동원한다면 5.3% 성장률은 충분히 가능하다"고 말했다. 그는 "우선 통화정책 여력이 충분한데, 선진국은 제로금리에 가깝지만 중국은 4% 정도라 인하 여지가 충분하다"며 "또 중국의 지방정부 부채는 선진국들의 부채와 성격이 다르다. 선진국은 부채가 사회보장비용과 관련되지만 중국은 이 부채가 인프라 구축에 쓰여 생산으로 다시 돌아오는 부채"라고 강조했다.

즉 중국은 은행 기반의 금융 시스템을 가지고 있기 때문에 시장 기반 금융 시스템을 갖춘 국가보다 부채가 높을 수밖에 없지만, 거의 모든 기업 부채는 국내 부채이며 중국은 3조 달러의 준비금을 보유하고 있다는 것이다. 다만 "올해 성장률이 평균보다 낮기 때문에 정상 연도보다 기업 채무 부도가 더 많을 가능성은 있다"고 말했다. 또 재정정책을 5G나 클라우드 컴퓨팅 등 신산업 분야에 투입하고 있기 때문에 선순환 체제가 가능하다는 의견도 피력했다.

린이푸는 반드시 5.3%의 성장률에 목을 맬 필요는 없다고 봤다.

중국 경제 성장률

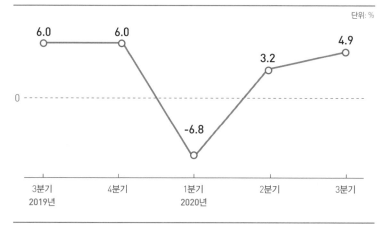

단위: %

6.0 6.0   4.9

                    3.2

0 -

                -6.8

3분기   4분기   1분기   2분기   3분기
2019년   2020년

*전년 동기 대비 증감률   출처: 중국 국가통계국

미국과 유럽 등 선진국들이 올해 큰 폭의 마이너스 성장이 불가피한 만큼, 3%대의 성장만 달성해도 이들 국가들과 상대적 격차를 크게 줄일 수 있기 때문이다. 또 2차, 3차 팬데믹 우려가 남아있어 정책 카드를 남겨둬야 하는 측면도 고려해야 한다.

그는 "전 세계적 코로나19가 재발할 가능성이 높고, 3%라도 충분히 높은 성장률"이라며 "올해 당초 목표했던 2010년 대비 GDP 두 배를 달성하지 못한다 하더라도 2021년에 3%대 성장을 하면 달성할 수 있다"고 말했다. 이어 "미국은 GDP 6월 예측치가 -8%인데 올해 중국이 3%만 달성해도 11%포인트의 격차가 난다"며 "이 추세로 가면 중국의 1인당 GDP가 1만 2,700달러가 돼 고소득국가로 변모한다. 2025년이 되면 중국 경제 규모가 미국을 앞설 것"이라고 내다봤다.

그는 "트럼프 대통령이 중국 및 미국과의 무역 흑자 국가에 대해 채택한 모든 보호 조치에도 불구하고, 미국의 무역 적자는 12.1% 증가했다"며 "(미 대선에서) 누가 당선되더라도 긴장이 풀리기를 바란다"고 말했다. 이어 "미국 경제는 세계 경제의 약 5분의 1에 불과하다"며 "미국의 정책이 무엇이든 중국은 계속해서 세계화를 수용하고 중국 경제를 더욱 개방할 것"이라고 말했다.

린이푸의 낙관론은 기술력에 대한 자부심에서 기인하는 것으로 보인다. 그는 "작년 전 세계 유니콘 기업 494개 중 206개가 중국이고 미국은 203였다"며 "미국이 기술제재를 한다 하더라도 유럽, 일본 등 다른 나라의 기술을 도입할 수 있기 때문에 중국은 자립할 수 있다"고 강조했다.

2021년부터 시행하는 제14차 5개년 계획을 앞두고 시진핑 국가주석이 2020년 8월 미국과 유럽, 일본 등 국제적인 경험이 풍부한 경제학자 9명을 초청해 '과외 수업'을 받았는데 이 중에는 린이푸 교수도 있었다. 중화권 언론들이 당시 좌담회에 초청된 학자들을 시진핑의 '경제 브레인', '국사國師'로 평가하며 주목한 가운데, 홍콩〈사우스차이나 모닝포스트〉는 그들이 시 주석에게 제시한 의견까지 추정해 소개한 바 있다. 린 교수는 "(시 주석에게) 2021~2030년에 5~6% 성장을 실현하고 중국 경제를 더욱 개방하는 한편 중국의 성장 잠재력을 발휘하기 위해 구조 개혁을 심화하자는 내용을 조언했다"고 밝혔다. 중국이 이 성장률을 유지하려면 과잉생산과 부동산 버블, 국유기업 비효율, 부채 과다 등 구조적 문제를 풀어야 하는데 이에 대해 조언한 것으로 풀이된다.

▎침체의 늪에 빠진 유럽 금융환경

이브 페리에 아문디 회장

2009년 아문디를 설립하기 위해 크레디아그리콜 자산운용과 소시에테제네랄 자산운용의 병합을 추진했고, 2010년 1월 아문디의 최고경영자가 됐다. 크레디아그리콜에서 자산운용 최고경영자와 크레디아그리콜 기업투자은행 감사회 회장을 역임했다.

"최근 유럽 펀드매니저들은 유럽연합 복구 기금 수혜를 받을 수 있는 건축 자재 관련주에 대한 긍정적인 견해를 강화하고 있다. 아울러 헬스케어주나 경기순환주 중 진입장벽이 높은 기업 등 경기방어주 역시 유망하게 보고 있다. 그러나 소비자와 관련된 부문 투자에는 신중을 기하고 있다."

유럽 최대 자산운용사 아문디는 운용자산 1조 7,000억 유로(약 2,400조 원)을 굴리는 유럽 최대 자산운용사다. 국내 NH농협금융지주와도 제휴해 특별한 관계를 맺고 있다. 양사가 공동으로 국내에 설립한 NH-아문디자산운용은 문재인 대통령이 가입해 높은 수익률을 거두고 있는 소·부·장(소재·부품·장비) 펀드 운용사다.

아문디의 이브 페리에 회장은 "아문디가 속한 크레디트아그리콜그룹은 한국 경제 발전이 한창이던 1974년에 한국 지사를 설립해 45년 넘게 한국에서 영업해왔다"며 "2003년 NH-아문디자산운용 설립 이후 양사의 강력한 지원 덕분에 한국 내 250개 자산운용사 중 8위권까지 끌어올렸고 이를 매우 자랑스럽게 생각한다"고 말했다.

페리에는 기술주에 대해 "매우 비싸다"며 부정적 견해를 내비쳤

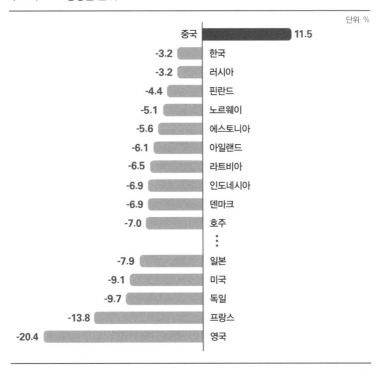

단위: %

중국	11.5
-3.2	한국
-3.2	러시아
-4.4	핀란드
-5.1	노르웨이
-5.6	에스토니아
-6.1	아일랜드
-6.5	라트비아
-6.9	인도네시아
-6.9	덴마크
-7.0	호주
-7.9	일본
-9.1	미국
-9.7	독일
-13.8	프랑스
-20.4	영국

*38개국 2020년 2분기 기준, 전분기 대비   출처: 한국은행

다. 그는 "기술주의 강한 실적 전망에도, 과도한 밸류에이션과 내재
된 기대감 등의 요인은 우리 관점에서는 리스크 요인"이라며 "(대차
대조표상) 장부가치가 여전히 취약한 까닭에 은행주에 대해서도 부
정적"이라고 말했다. 아문디가 위치한 유럽 지역은 강한 상승세를
나타내고 있는 미국이나 한국 대비 주식시장 상승세가 미미하다.
이러한 뒷배경에는 유럽 경제가 코로나19 이전부터 겪어온 산통이
자리한다.

G20 1분기 GDP 감소폭

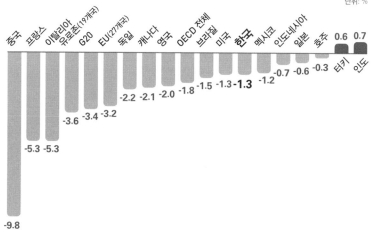

단위: %

중국 -9.8
프랑스 -5.3
이탈리아 -5.3
유로존(19개국) -3.6
G20 -3.4
EU(27개국) -3.2
독일 -2.2
캐나다 -2.1
영국 -2.0
OECD 전체 -1.8
브라질 -1.5
미국 -1.3
한국 -1.3
멕시코 -1.2
인도네시아 -0.7
일본 -0.6
호주 -0.3
터키 0.6
인도 0.7

*전년도 1분기 대비   출처: OECD

　페리에는 "코로나19 위기는 이미 둔화되고 있던 유럽 경제에 타격을 입혔다"며 "유럽은 코로나19 위기 이전부터 미·중 무역 긴장뿐 아니라 유럽 내 불균형에 따른 남유럽과 다른 지역 간 분열로 내부의 사회적 긴장이 조성됐고 피해를 입어왔다"고 말했다. 그는 이어 "코로나19 이후 유럽에서 시행된 심각한 봉쇄 조치는 경제를 중단시켰고, 올해 2분기 프랑스는 GDP 14%, 영국은 GDP 20%가 하락했다"고 설명했다. 유럽 경제 우등생인 독일마저도 2분기에 GDP 성장률이 -10%를 기록했다는 것이 그의 전언이다.

　특히 유럽 경제가 최근 회복 국면에 돌입한 것이 오히려 가장 위험한 국면이라는 분석까지 곁들여졌다. 그는 "올해 3분기 반등은 2분기 경제 붕괴가 거대했기 때문에 나타난 기저효과 일 뿐"이라며 "현재 유럽은 기저효과가 사라지고 비상조치도 사라져 기업이 새로운 상황에 적응하기 시작하는 회복 단계인 가장 위험한 부분에 진입하고 있다"고 분석했다. 경제가 회생할 수 있느냐 마느냐 하는 변곡점에 기업들이 아슬아슬하게 놓여있다는 설명이다.

코로나19의 재유행 국면은 새로운 불확실성이다. 페리에 회장은 "코로나19 재유행으로 경제는 미지의 영역으로 접어들었다"며 "향후 몇 달간 소비심리가 정상 수준으로 돌아올지가 핵심 포인트"라고 말했다. 그는 이어 "유럽에서는 이탈리아나 스페인과 같은 국가의 경우 2022년 말 또는 2023년까지 코로나19 이전 경제 수준으로 회복되지 않을 것으로 보고 있다. 실제로 유럽 경제 복구 계획 실행은 2021년 중반 이후로 예상되고 있다"고 전했다.

그럼에도 페리에는 놓치지 말아야 할 한 가지 가치를 제시했다. 바로 '자신감'이다. 그는 "유럽의 향후 6개월간 가계소비지수는 '신뢰'의 함수가 될 것"이라며 "현재 금융시장은 실질금리를 마이너스 영역으로 만든 유럽중앙은행 정책 덕분에 실물 경제와 단절되어 있다고 생각한다"고 말했다.

페리에는 "유럽중앙은행은 금융 시스템에 풍부한 유동성을 공급하는 한편 팬데믹 위기 대응 프로그램을 가동해 국채 시장에서 매수 공백이 없도록 만들었다"며 "특히 장기대출프로그램을 통해 은행 지원에 나서 시장 신용 경색을 해소했고 기업과 은행에 대한 안전망을 구축했다"고 말했다. 아문디가 위치한 프랑스의 경우 국가가 300억 유로 규모의 대출에 대해 직접 보증에 나서 기업을 효율적으로 보호한 덕에 가계소득까지 지킬 수 있었다는 것이 그의 전언이다. 특히 유럽연합이 내놓은 7,500억 유로 규모 공동채무기구와 대규모 재정정책은 자신감을 시장에 불어넣을 '게임 체인저Game Changer'다.

페리에는 "이 같은 정책은 유럽 북부와 남부 지역 국간 격차를 메우는 데 도움이 될 것이며 향후 신재생에너지로의 전환, 디지털 전환, 사회정의 등에 우선순위를 둘 것을 명시했다"며 "프랑스, 스페인, 이탈리아 등에서 달성된 지속적인 개혁은 유럽의 미래를 극적으로 바꿀 수 있을 것"이라고 말했다. 그는 "실업률이 매우 빠르게 증가하고 향후 6개월 동안 수백만 명의 유럽인이 일자리를 잃는다면 소비가 위기 이전 수준으로 돌아갈 가능성은 없다"며 "많은 기업이 보조금으로 연명하고 있으며 부채비율도 급격히 늘어나고 있어 향후 몇 달간 기업 채무불이행이 늘어날 것으로 예상하고 있다"고 말했다.

세계 각국에서 벌어지고 있는 정치적 이슈도 불안감을 자극하는 요소다. 페리에 회장은 "2020년 7월 열린 유럽 정상회의는 유럽 각국이 경제 상황에 대한 공통분모를 찾는 것이 얼마나 어려운지를 보여줬다"며 "미국 상원과 하원도 제각각 공화당과 민주당이 다수를 차지해 역시 비슷한 상황"이라고 말했다. 그는 이어 "경제적 위험에 더해 악화되고 있는 글로벌 정치 지형을 염두에 둬야한다. 미국 선거는 여전히 불확실성 요소이며 미국과 중국 간 긴장이 빨리 해소되지 않을 것이다. 아울러 유럽은 벨로루시 정치 이슈와 터키, 지중해 등 다양한 긴장 지역에 대처해야 한다"고 말했다.

최근 금융시장 활황에 대해 투자자들의 주의를 환기하는 조언도 내놨다. 그는 "기업부도, 파업, 정리해고, 소비감소 같은 충격은 이미 지나간 일이 아닌 우리 앞에 있는 엄연한 현실"이라며 "투자자들은 산꼭대기만 바라보며 햇빛에 눈이 멀어서는 안 된다. 우리가 떠안아야만 했던 과거도 고려해야한다"고 말했다.

2

극단화된 투자시장과
떠오르는 ESG

| 코로나19 시대의 투자 전략: 원칙보다는 인내심으로

짐 배리 블랙록 대체투자부문 CIO

매니징 디렉터 짐 배리는 현재 블랙록대체투자 최고정보책임자CIO. 블랙록자산운용 글로벌 헤드로 재임 중이다. 직원 900명 규모의 블랙록대체투자는 1,750억 달러의 자산과 고객 투자액을 자랑한다. 배리는 부동산, 인프라스트럭처, 헤지펀드, 사모펀드, 신용사업 등의 다양한 분야에서 리더십을 발휘하고 있다.

"공항 인프라스트럭처(기반 시설)는 담보되는 자산 자체가 아주 견고합니다. 코로나19 사태로 영향을 받았다가 100% 회복은 되지 않았지만, 여전히 매력 있는 분야입니다." 세계적인 금융회사인 블랙록의 짐 배리 대체투자부문 CIO는 코로나19 상황에서도 교통과 관련한 인프라 투자에 주목하고 있다고 밝혔다.

투자 전문가들은 저금리가 장기화하는 상황에서 대체투자로 눈을 돌리는 것은 당연한 현상이라며 성장성이 주목되는 분야에 투자할 것을 권유했다. 대체투자는 주식, 채권 같은 전통적인 투자 상품이 아닌 부동산, 스타트업 등에 대한 투자로 포트폴리오를 다변화시키고 투자시기에 맞춘 다양한 프리미엄을 기대할 수 있어 그동안 투자자들에게 각광받아왔다. 하지만 코로나19 사태에 미·중 경제전쟁 여파까지 겹치며 글로벌 경제의 불확실성이 고조되고 성장이 둔화되면서 자산 배분 전략을 어떻게 가져가야 할지 고심이 커지고 있다.

배리는 "투자자 입장에서는 코로나19 상황에서 새롭게 부상하는 리스크를 예의주시할 필요가 있다"며 "지금 투자에서 원칙보다 중요한 것은 인내심"이라고 강조했다. 특히 부동산 투자와 관련해 "코로나19 상황에서 지정학적 리스크까지 겹치며 생산성이 실물 자산에 미칠 영향이 불가피하고, 이런 점이 부동산에 어떤 영향을 미칠지를 유의 깊게 봐야 한다"고 말했다.

그는 또 "앞으로도 20년 동안은 인프라 투자에 대한 수요가 많이 증가할 것"이라며 "프라이빗 에쿼티PE·Private Equity에서만 1년에 5,000억 달러에 달하는 투자가 일어날 것으로 본다"고 설명했다.

배리는 공항 등에 대한 인프라스트럭처 투자를 긍정적으로 평가했다. 비록 코로나19 사태로 항공업이 직격탄을 맞고 회복에도 시간이 소요될 전망이지만, 공항 인프라라는 담보 자체가 안정적인 만큼 장기적으로는 매력적인 투자처가 될 수 있다는 시각에서다. 그러면서 그는 에너지 투자에는 신중해야 한다고 조언했다. "2008년 금융위기에도 대체투자는 지속적으로 성장했다"며 "실제로 대체투자에 배분되는 자산이 2000년 1조 달러에서 현재는 헤지펀드를 포함해서 10조 달러고, 2023년에는 13조 달러까지 늘어날 것"이라고 전망했다. 그는 또 "상업용 부동산과 오피스 물건들을 보면 선호도가 높은 도시들은 코로나19 상황에서도 수익률을 지탱할 것"이라면서도 "호텔 등은 조심스럽게 투자를 집행해야 할 필요가 있다"고 조언했다.

| 슈퍼리치와 일류 기업의 주식 투자법

오하드 토포 TCK인베스트먼트 회장
이스라엘 출신의 투자가로서 국내 최초 독립 자산관리 전문 투자자문인 TCK인베스트먼트의 설립자이자 회장이다. 토포 회장은 세계 최대 크레딧 자산운용사 중 하나인 오크트리캐피털 설립자인 하워드 막스 회장과 공동으로 TCK 인베스트먼트를 설립했다.

"지금 부자일지라도 3대가 지나면 10%의 부만 남습니다. 투자에 실패한다든지, 세금을 많이 낸다든지, 부를 침식한다든지 다양한 이유가 있을 수 있습니다. 그럼에도 부를 보전하는 방법은 있습니다. 이 방법은 이해하기 쉽지만 실행하기는 어려울 것입니다. 일단 투자를 해야 합니다. 예를 들어 예금에만 돈을 넣어둔다면 20년 동안 인플레이션이 진행되어 당신이 가지고 있던 부를 반으로 줄여버릴 것입니다."

예금만 하면 부가 반으로 줄어든다

미·중 갈등이 심화되고 코로나19가 장기화되면서 세계 경제의 불확실성이 높아진 현 시점에 투자자들은 어떤 태도를 가져야할까. 특히 경제위기를 극복하기 위해 주요 국가들은 적극적으로 통화재정 정책을 펼치고 있고, 금융 시장도 빠른 회복세를 보이고 있다. 즉 투자하기엔 적기일 수도 있다는 뜻이다. 초고액자산가와 세계 일류기업들은 현 상황을 어떻게 바라보고 있으며, 자산을 보호하고 증대하기 위해 어떻게 시장에 대응하고 있을까.

토포는 "돈을 계속 은행에 두면 인플레이션 때문에 가치가 떨어지게 될 것"이라고 말했다. 또 그는 "사람들이 특정 투자 자산에만 투자하는 것이 문제인데 가족이 소유한 기업, 부동산 등 실물에만 투자하면 장기적 수익이 좋지는 않다"며 "금융시장과 자본시장에 투자해야 한다"고 조언했다. 이어 그는 "한국의 초부유 슈퍼리치들은 전략적 기업과 부동산에 주로 투자한다. 하지만 현재 금융자산에도 투자하고 포트폴리오가 있어야 좋은 수익률을 낼 수 있다"고 덧붙였다.

실제로 그가 제시한 자료에 의하면 현재 우리나라에서 투자를 가장 많이 하는 투자처로 부동산이 꼽혔다. 한국의 경우 부의 73%가 부동산에 몰린 데 비해 미국과 대만은 각각 23%, 30% 수준이다. 토포는 "1900년대에 주식에 투자했다고 치면 수익률은 4만 7,000배에 달한다. 채권에 투자했다면 293배 수익률을 봤을 것이다. 이 기간 동안 인플레이션은 929배 진행됐다."고 설명했다. 객관적인 수치로 봤을 때 몇십 배 정도의 수익률을 내는 예술품·보석류

보다도 주식에 투자하는 편이 좋다는 뜻이다. 다만, 그는 "주식을 좋을 때 넣고, 나쁠 때 빼는 것을 반복하면 수익률이 좋은 시기를 놓칠 수 있다"고 경고했다.

부를 유지하려면 '글로벌 주식시장'으로 눈 돌려야

특히 코로나19로 전례 없는 상황이 벌어지고 있는 현 시점은 투자의 적기다. 토포는 "주식시장은 코로나19 국면에서 굉장히 빠르게 떨어지고 가파르게 회복했다"고 말하며 "빠른 회복이 가능하다면 우리는 수익을 낼 수 있다"고 말했다. 코로나19 백신이 만들어진다면 실물 경제가 빠르게 회복하게 되고, 미국을 비롯한 선진국에선 재정부양책을 준비하게 된다. 또 앞으로 변화할 미국에서는 세제 혜택과 인프라 투자가 이어질 수도 있다는 설명이다. 토포는 "지금 코로나19 위기에서 회복한 걸 보면 가장 바닥에서 60% 정도 반등했다. 평균 반등세는 108%인 걸 감안하면 앞으로 남은 기간 동안엔 주식시장에서 반등세가 예상된다"고 말했다. 특히 최근 증시에 대해선 "랠리세(지속적 상승)를 보이고 있다. 또 S&P500 시가총액을 역사치로 봤을 때 현재 주가는 고평가가 아니다. 유동성이 충분하다. 특히 미국의 기술 기업 같은 경우 단순히 랠리를 보이는 것뿐만 아니라 기업 실적 성장도 대단하다"고 평가했다.

한국에 대해서도 긍정적인 평가를 내놨다. 토포는 "코로나19로 각국의 경제가 얼마나 예전으로 회귀했나 보여주는 지표에서, 한국 경제는 2017년도로 회귀했다"며 "2014년으로 돌아간 미국 경제, 2004년으로 회귀한 영국 경제보다 훨씬 훌륭하다"고 평가했다.

▎주식 시장의 특정 종목 쏠림 심화

안효준 국민연금 기금운용본부장

2018년 10월부터 국민연금공단의 CIO로 재임 중이다. 2017~2018년까지 BNK금융
지주의 글로벌총괄부문장, 2016~2017년까지 BNK투자증권 대표이사를 역임했다.
2013~2016년에는 교보악사자산운용 대표이사를 지냈다.

코로나19로 글로벌 경제가 큰 폭의 마이너스 성장을 기록할 것
으로 예상되는 가운데 급변하는 글로벌 증시 역시 불안감을 키우고
있다. 실물경제와는 달리 증시가 예상보다 빠르게 회복되고 있다는
시각이 지배적이지만, 마냥 유망할 것으로 기대했던 미국 기술주도
9월 들어 이유 모를 조정기를 갖는 등 등락도 여전하다. 코로나19
확산이 언제까지 이어질지 모르는 상황에서 기업은 여러 시나리오
를 바탕으로 한 전략을 세워야 하며 투자자들은 그에 따라 기업의
가치평가를 진행해야 해 변수가 평소보다 훨씬 더 늘어났다.

이 가운데 자산이 700조원에 달하는 국민연금 기금운용본부의
수장을 맡고 있는 안효준 CIO는 최근 국내외 주식시장의 기술주
종목 쏠림 현상에 대해 우려를 표했다. 안 본부장이 이끈 국민연금
은 지난해 11.31%의 수익률을 기록하며 설립 이후 최대 수익이 났
다. 올해 글로벌 증시가 요동치는 상황에서도 플러스 수익을 기록
하고 있는 국민연금의 성과 이면에는 기금 수익의 안정성을 최우선
으로 하는 그의 투자 전략이 힘을 발휘하고 있다는 평가다.

안 본부장은 "올해 코로나19라는 새로운 바이러스가 퍼지면서 글
로벌 시스템 전체를 흔들어 놓았다"고 말했다. 그는 "2008~2009년

금융위기와 비교할 수 없는 위기를 세계 경제가 겪고 있다"며 "이렇게 경제가 축소되는 것은 자발적으로 정부가 '락다운' 조치를 취했기 때문"이라고 분석했다. 지난 6월 말 IMF에 따르면 올해 세계 경제는 4.9%, 미국 경제는 8% 축소될 것으로 예상되는데 이는 금융위기 때도 겪지 못한 초유의 상황이며 미·중 관계도 최악으로 치닫고 있다고 강조했다.

그는 특히 코로나19 확산에 따라 경제구조 변화가 가속화되면서 기술주에 대한 쏠림 현상이 심화되고 있다고 평가했다. 그는 "바이러스는 4차 산업혁명에 따른 구조적 변화를 가속화하는 촉매제가 되고 있기도 하다"며 "최근 기술주가 주도하는 금융 시장 흐름은 세계가 이러한 상황을 어떻게 인식하고 있는지를 보여준다"고 말했다. 동시에 이러한 현상에 우려를 표시했다. 안 본부장은 "지금 시장이 걱정스러운 것은 탐욕"이라며 "몇몇 종목에 지나치게 돈이 몰리고 있는데 만약 비가 내리면 (투자자들은) 진흙탕에 빠질 수 있다"고 말했다. 그는 "언제 비가 내릴지는 아무도 모르는 것"이라며 "그것이 우리가 살고 있는 불확실성의 시대"라고 지적했다.

▌ESG 투자에 대한 요구 상승

케리 워링 국제기업지배구조네트워크 CEO
정책 제시, 국제회의, 교육 및 지도 등의 광범위한 업무를 책임지고 있다. 지난 10년간 국제기업지배구조네트워크가 글로벌 지배 구조 개혁 전략을 수립하는 과정에서 핵심 역할을 수행해 왔다. 예일대 경영대학원의 기업지배구조와 성과를 위한 밀스타인 센터가 선정한 '기업 거버넌스의 라이징 스타'이기도 하다.

코로나19 세계적 팬데믹 상화에 속에서 ESG 투자에 대한 요구가 더욱 강해졌다는 의견이 나왔다. ESG 투자는 재무 분석과 함께 환경Environment · 사회Social · 지배구조Governance 요소를 고려해 투자하는 것을 말한다.

코로나19 팬데믹으로 상승하는 ESG 투자

케리 워링 국세기업시배구조네트워크 CEO는 "코로나19 사태로 팬데믹이 발생하면서 주주들은 사회적으로 분노를 느끼고 있으며, 기업들에게 더 많은 것을 촉구하고 있다"고 밝혔다. 워링은 "코로나19로 보건의료 종사자들의 위험 노출, 여성에게 미치는 사회 불안, 소득 불평등, 건강보험 차이 등으로 사회적으로 많은 불안이 나타나고 있다"고 설명했다. 그는 "환경피해는 기후변화와 코로나19를 야기시킨 주범"이라며 "코로나19로 인한 팬데믹이 이어지면서 주주들이 기업의 장기적인 목표 수정을 지켜보고 있기 때문에, 기업들은 기관 투자자가 기업의 의사 결정에 적극적으로 개입하는 스튜어드십을 더욱 많이 고려해야 할 것"이라고 말했다.

장기 실적 담보하고 리스크 줄여주는 ESG 투자

워링은 "ESG 투자를 하면 주주 수익이 낮아질 것이라는 식의 주장이 있는데 오히려 정반대"라며 "투자자들이 기업을 감독하면서 장기적인 기업 실적을 더욱 담보할 수 있는 기회를 포착한다고 할 수 있다"고 했다. 그는 스튜어드십 코드가 주식뿐만 아니라 다양한 자산권으로 확대되어야 한다는 의견도 제시했다.

피오나 레이놀즈 책임투자원칙기구 CEO는 "최근 3~5년 사이에 굉장히 많은 대전환이 있었다고 생각한다"며 "기관 투자자들이 ESG에 대한 관심이 높아진 것은 물론 일반 개인 투자자들도 이에 대한 관심이 높아지고 있다"고 말했다. 그는 "특히 장기적인 전망을 가지고 있는 투자자들이 포트폴리오 투자에서 이를 많이 고려하고 있으며, 그중 가장 큰 트렌드가 기후변화라고 할 수 있다"고 했다.

아시아에서의 ESG 투자 주류화 전망

한국의 ESG 투자 상황에 대해 레이놀즈는 "한국 증권거래소에서도 ESG 채권 시장이 확대되고 있으며, KDB산업은행은 올해 1조 규모의 ESG채권이 발생하기도 했다"고 비교적 긍정적으로 평가했다. 다만 그는 ESG 투자의 경우 국가별로 맞춤형 전략이 필요하다는 의견을 내놨다. 레이놀즈는 "한국의 경우 기후변화 중에서도 대기오염이 관심이 많다면 이로 인한 피해를 완화하는 것을 전략으로 택할 수 있을 것"이라며 "각 국가별로 상황에 맞게 거버넌스와 전략 등을 마련해야 한다"고 했다. 마지막으로 "지속가능한 투자는 불가역적인 추세로 글로벌하게 확대될 것이며 아시아에서도 ESG 투자가 점차 주류화될 것"이라고 전망하기도 했다.

일본 스튜어드십 코드 안착에 중추적 역할을 했던 히로 미즈노 일본 공적연금펀드 전 CIO는 "ESG는 모멘텀이기 때문에 우리도 배워야한다고 생각했으나, 처음에는 ESG 투자에 참여하는 것도 어려웠고 여러 이해관계자들을 설득해야 했다"고 밝혔다.

물론 ESG 투자가 장기적으로 투자 수익률 제고에 도움이 되는

지에 대한 의문도 있다. 관련하여 미즈노 전 CIO는 "환경 문제, 기후변화, 성 평등, 소득 불평등 등 사회 문제가 자신의 포트폴리오에 위험 요소인지 봐야 하는데 대부분의 경우 그렇다"며 "ESG 투자는 포트폴리오의 위험을 줄여가는 것이며, 재무적으로도 긍정적인 기여를 한다고 봐야 한다"고 했다.

▮ 부동산 시장 양극화에 숨은 기회

덩컨 오언 슈로더 글로벌 부동산 대표
투자 및 성장 전략을 수립한다. 그는 부동산 투자위원회 의장을 맡고 있으며, 슈로더의 글로벌 투자위원회 일원으로 슈로더 리츠 투자 부문의 리드 매니저를 겸임하고 있다. 2012년 슈로더에 입사했으며 런던에서 근무 중이다.

"오피스 빌딩 시장은 기업간거래B2B 분야인 까닭에 코로나19에도 상대적으로 타격이 적었다. 덕분에 안심하고 투자할 수 있는 투자처로 남아있다. 지금 상황은 말하자면 발은 불구덩이에 놓여있지만 머리는 시원한 상태에 놓여있는 셈이다. 부동산 시장은 분야별 양극화 현상이 일어나고 있다." 덩컨 오언 슈로더자산운용 글로벌 부동산 대표의 말이다.

오언 대표가 참석한 대담에는 김희석 하나대체투자운용 대표가 좌장을 맡고 오언과 벤 덩컨 CBRE 북아시아 회장, 마이클 챈 맥쿼리인프라스트럭처리얼애셋 수석매니징디렉터가 온라인으로 참여했다.

오언은 "한국과 서유럽, 미주 지역에서 오피스 공간 임대료가 올라간 것은 팬데믹 기간에도 임대료가 지급되고 있기 때문"이라며 "여전히 거래규모가 상당하고 리스 기간도 장기 양상을 나타내 높은 가격에도 거래가 성사되고 있다"고 설명했다. 이 같은 오피스 부동산 시장 낙관론은 최근 대세가 된 재택근무에도 굴하지 않는다. 마이클 챈은 "현재 재택근무는 실험을 진행하고 있을 뿐이며 재택근무를 할 경우 경쟁력이 떨어질 수 있는 직종이 있다"며 "페이스북이라 할지라도 대면해 협업할 필요성이 있다. 만약 경쟁자가 대면으로 일하고 있다면 어떤 생각이 들까. 경쟁력이 떨어질 것 같단 생각을 할 수밖에 없다"고 지적했다. 그는 이어 "백 오피스Back Office(후방에서 지원하는 업무) 관련 산업은 집에서 일하기가 어렵다. 특히 싱가포르와 같이 인구밀도가 높은 도시에서는 좁은 거주 공간으로 인해 집에서 일하는 환경이 사무실과 굉장히 다를 수 있다"고 말했다.

구글과 같은 기술기업이 보다 적극적으로 재택근무를 도입하며 오피스 시장이 위축될 것이라는 것이 일반인의 상식이다. 하지만 시장에 나타나는 현상은 정반대다.

오언은 "오피스 부동산 시장에서 100만 제곱피트 이상의 공간 수요가 기술회사 구글 등의 수요로 늘어나고 있다"며 "기술기업들이 여전히 사무실의 중요성을 인지하고 있으며, 다만 활용법이 바뀌었을 뿐"이라고 말했다. 덩컨은 "물리적 오피스가 필요한가에 대해 논란이 많지만 여전히 오피스에 대한 수요는 이어질 것으로 내다본다"며 "협업 가능공간이 필요하기 때문이며, 고객 설문결과 응답자 중 75%가 물리적 오피스 중요성이 올라갈 것이라고 내다본

반면, 불과 13% 고객만이 사무실 면적이 줄어들 것이라고 대답했다"고 말했다. 특히 단기 임대 공간 수요가 늘어나며 탄력적인 임대 공간 제공 여부가 오피스 시장 성패를 좌우할 요인으로 지목됐다.

코로나19에 따른 언택트 기조는 대체투자 시장 전반에 분명 호재는 아니다. 김희석 대표는 "대체투자 시장의 경우에는 대면 비즈니스 성향이 강한 분야"라며 "2020년 1분기에 60~70% 정도 투자가 줄었다"고 화두를 던졌다. 이에 대해 넝컨은 "부동산 투자 시상은 확실히 로컬 비즈니스임을 보여줬다. 여행 제약으로 인해 계약이 취소되는 경우가 있다 보니 현장에 있는 것이 경쟁 우위가 됐다"며 "때문에 기술 투자를 촉진해 가상방문 등 실사 지원을 위한 다양한 방안을 시도하고 있다"고 말했다.

특히 오피스 부동산을 제외한 다른 부동산 시장은 쉽게 낙관할 수 없는 분야다. 오언은 "부동산 시장은 단기적으로 봤을 때 우리가 생각했던 것보다 변동성이 큰 양상을 띠고 있다"며 "현재 리테일 부동산과 물류 부동산은 구조적 발전이 일어나며 기술 발전이 수반되고 있다"고 말했다. 소비자를 대상으로 오프라인 판매 장소를 제공하는 리테일 부동산은 코로나19 사태 직격탄을 맞았다. 그는 "유럽이나 북미를 보면 리테일이나 숙박 시설 관련 공급이 너무 커서 약 25% 과잉공급 의견이 지배적"이라며 "수요가 이를 못 쫓아갈 수밖에 없다"고 설명했다.

그러나 여전히 희망은 있다. 오언은 "오프라인 부진에도 홈 딜리버리 수요가 늘어나며 리테일 부동산 수요를 충족시킬 수 있지 않을까 하는 의견도 나온다"며 "영국의 경우 리테일 중 홈 딜리버리가

25% 정도를 차지하고 있으며, 유사한 트렌드를 다른 나라에서도 찾을 수 있다"고 말했다. 덩컨은 "리테일 기업들이 고정비를 줄이고자 하는 추세가 이어지고 있으며 럭셔리 브랜드의 경우 중국을 비롯한 북아시아 지역에서 보복소비로 매출이 다시 올라가고 있는 것을 볼 수 있어 2021년쯤 매출 회복을 예상하고 있다"고 말했다.

아울러 사상 최악의 상황에 직면한 호텔업도 '저가매수' 기회가 상존한다는 분석도 나온다. 오언은 "호텔은 굉장히 어려운 시기고 여행 산업이 50% 넘게 위축된 상황에서 공급도 넘쳐나지만, 나중에 투자 기회를 주지 않을까 싶다"며 "신중하게 접근해야 하지만, 2021년 혹은 2022년은 부동산 투자하기에 가장 좋은 해라고 나중에 돌아볼 것이라 생각한다"고 말했다.

반면 언택트 소비 활성화로 호황기를 맞은 물류 부동산 부문에 대해서는 신중론도 나온다. 덩컨은 "공급망 다변화에 대한 관심이 높아지며 높은 가격에도 수요가 오히려 높아지는 것을 볼 수 있다"며 "혁신적인 기술 도입으로 물류 창고에서 인력 대체도 이뤄지고 있으며 창고 관련 부문에 대한 투자도 검토되고 있다"고 현재 시장 분위기를 전했다. 그러나 그는 이어 "오피스 부동산-물류 부동산 간 수익률 스프레드가 매우 적어졌고, 오히려 물류가 오피스 대비 수익률이 낮은 경우도 나타나며 현재가 투자에 적합한 시점인지에 대한 고민이 필요하다"고 지적했다.

3

필必환경 시대의
경제학

| 미래 산업 선도할 청정에너지

파티 비롤 국제에너지기구 사무총장
2015년부터 국제에너지기구 사무총장으로 재임하고 있다. 2018년 1월, 재선에 성공해
2019년 9월부터 두 번째 4년 임기를 시작했다. 미국의 경제전문지 〈포브스〉는 '에너지 업
계에서 가장 영향력 있는 인물'로, 2017년에는 〈파이낸셜 타임스〉는 '올해의 에너지 인사'
로 그를 선정했다.

　"한국 정부가 원전 비중을 줄인다면 이것이 에너지 안보 측면에
서 어떤 함의가 있는지와 원전을 어떤 기술로 대체할 건지도 생각
해 봐야 한다." 파티 비롤 국제에너지기구IEA 사무총장은 한국 정부
의 탈원전 정책에 대해 이같이 밝혔다. 문재인정부의 한국판 그린
뉴딜 정책이 시의적절하고, 한국에 상당한 도움이 될 것이라고 평
가하면서도 원전정책에 대해서는 다소 조심스러운 입장을 보였다.

비롤은 "원자력발전은 청정에너지 전력 생산 비중에서 2위를 차지한다. 천연가스는 온실가스 배출량이 원전보다 더 많아 원전의 에너지원 대체에 대한 심도 있는 고민이 필요하다"고 조언했다. 그는 "원전을 줄이는 만큼 재생에너지나 에너지 효율을 높일 수 있는 다른 분야의 투자를 더욱 많이 늘려가는 게 필요하다"고 덧붙였다.

그는 "한국 정부는 최근 그린 뉴딜을 천명하고, 한국의 경제·사회 회복에 중요한 정책으로 내세웠다"며 "이것은 굉장히 현명한 선택이고, 한국이 미래 산업의 선두 주자가 되는 데 있어 아주 중요한 역할을 할 것"이라고 평가했다. 이어 "한국이 그린 뉴딜 정책을 추진함으로써 청정에너지 분야를 선도하고 있는 국가들과 어깨를 나란히 할 수 있게 됐다"며 "특히 한국의 경우 매우 건전한 금융 시스템을 보유하고 있기 때문에 이를 잘 활용해 신기술에 투자할 수 있을 것"이라고 예상했다.

청정에너지의 전환을 고려할 때 전력 부문의 저탄소화만을 고려하는데 산업과 물류 관련된 분야도 고민을 할 필요가 있다는 것이 비롤 총장의 주장이다. 그는 "전력산업을 개혁해 나가는 방향은 바람직해 보인다"면서도 전력 분야에만 너무 집중하다 보니 다른 중요한 분야에 대해 관심이 부족해 환기가 필요하다고 주장했다. 그는 "중공업뿐만 아니라 에너지 집약 산업, 장거리 수송을 위한 트럭과 비행기, 선박 등 물류 분야에서도 저탄소화를 어떻게 해 나가느냐가 중요한 과제이기 때문에 이산화탄소를 저감할 수 있는 방안에 더 관심을 가져야 한다"고 조언했다.

원유 소비량에 관한 논의도 오갔다. 비롤은 2020년 4월 한 언론과의 인터뷰에서 원유 소비량이 급격이 줄면서 지난 100년간 최대 오일쇼크를 맞이서 미국·중동은 물론 아시아에서도 석유산업의 구조 전환이 일어날 것으로 예측하기도 했었다. 산유국 및 원유시장 붕괴로 유전이나 정유 산업 노동자뿐 아니라 주유소 직원도 일자리를 잃게 될지 모른다면서 봉쇄 정책이 서서히 해제되면 6월에는 원유시장이 회복세로 돌아설 수 있을 것이라고 전망했다.

이런 가운데 중국은 완전한 회복세를 보이고 있다고 비롤은 진단했다. "올해 전 세계의 원유 소비량은 코로나19 여파로 급격히 줄어 점진적인 회복세를 보이고 있고, 아직까지 위기 이전 수준으로 회복하지 못했다"면서 "하지만 중국은 현재 원유에 대한 소비 수준이 코로나19 위기 이전 수준으로 돌아갔다"고 설명했다. 그는 "중국이 위기 상황을 잘 통제하고 있는 것 같다"고 덧붙였다.

수소에너지의 새로운 역할에 관해 비롤 총장은 "온실가스 배출량을 줄이는 데 있어 수소에너지는 태양광·풍력과 함께 매우 중요하다"며 "과거 어떤 에너지 기술도 수소에너지처럼 보편적으로 모든 정부 지지를 받은 것이 없다"고 답했다. 이어 "수소에너지는 난방, 전력, 버스 연료 등 다양한 사용처가 있다"며 "수소에너지는 많은 국가들이 적극 기술 개발 경쟁에 나서 앞으로 10년 후쯤에는 상용화 서비스를 제공하는 국가가 나올 수 있을 것"이라고 전망했다.

특히 비롤은 앞으로 전 세계가 태양열, 풍력, 수소와 같은 청정에너지가 더 많이 사용되고, 탄소 포획(온실 가스인 이산화탄소가 대기로 배출되기 전에 화학적으로 저장하는 것)과 같은 기술이 발전할 것으로 낙관했다.

기후변화는 현 시대 인류가 마주한 가장 심각한 세계적 문제다. 기후변화와 대기오염은 빠른 산업화와 화석연료 연소의 부산물이기에 청정에너지의 대체를 통한 개선이 시급한 상황이다. 특히 미세먼지는 일상생활에 즉각적인 악영향을 미치기 때문에 대책 마련이 시급하다. 세계보건기구WHO에 따르면 대기오염으로 인한 조기 사망자 수는 해마다 700만 명에 달하며, 아시아 태평양 지역 인구의 92%(약 400만 명)가 심각한 대기오염에 노출돼 있다. 대기오염 문제를 성공적으로 해결하기 위해서는 과감한 저감 대책과 보다 효과적인 국제협력 체계 구축이 필요하다.

그는 "코로나19 여파로 우리 모두 암울하고 힘든 시간을 보낸 이런 배경 속에서도 미래를 낙관적으로 본다"고 말했다. 현재 태양광, 풍력 등 청정에너지를 설치하는 비용이 가파르게 떨어지고 있고, 초저금리 덕에 운영비용도 거의 무료에 가깝기 때문이라는 이유에서다. 그는 "대형 기술회사들이 청정에너지에 대한 투자를 확대하고 있고, 여러 정부로부터 강한 지지를 받고 있다"며 "국가 에너지 기반시설의 변화 과정에서 달성하는 발전은 일시적인 것이 아니라 우리 미래에 지속적인 변화를 가져올 수 있다"고 강조했다.

일부 수소에너지 안정성 문제에 대해서도 비롤은 걱정할 필요가 없다는 입장을 나타냈다. 그는 "수소에너지 분야가 아직 초기 산업이고 여러 가지 문제들이 있을 수 있지만 안정성 부분은 충분히 관리 가능한 이슈라고 본다. 이미 수소를 오랫동안 사용하고 있는 분야가 있고, 이 분야에서 안전에 관한 선례가 확립이 돼 있기에 시간이 흐르면 안전 문제에 대한 우려는 줄어들 것"이라고 내다봤다.

| 트리플래닛: 숲의 수익화 이루는 친환경 해법

김형수 트리플래닛 대표

오랫동안 환경운동가로 활동해 온 김형수 트리플래닛 대표는 숲 조성을 통해 환경·사회 문제 해결을 해결하고자 2010년 사회적 기업 트리플래닛을 공동 설립했다. 2017년 〈포브스〉지가 선정한 30세 이하 30대 리더 중 한 명이며, 2019년 국립산림과학원 자문위원단으로 활동했다.

대개 기업은 환경과 불화한다. 상품과 서비스를 생산할수록 자연을 소모하기 때문이다. 하지만 모든 기업이 반反환경 오명을 뒤집어써야 하는 건 아니다. 활동할수록 산림은 울창해지고, 이산화탄소 배출량이 감소하는 기업이 있다. 황사·미세먼지·사막화까지 예방하는 사회적 기업 '트리플래닛' 얘기다. 2010년 설립 이후 13개국에 300여 개 숲을 조성하고, 90만 그루의 나무를 심은 사회혁신 기업이다. 세상 모든 사람이 나무를 심을 수 있는 방법을 만든다는 슬로건을 바탕으로 사업모델을 개발해 왔다. 불에 타버린 산, 황량한 사막을 치유하는 숲을 조성하는 걸 업의 본질로 삼았다.

김형수 대표는 트리플래닛을 설립했던 2010년만 해도 10년 뒤면 기술의 발전으로 환경문제가 크게 줄어들 것으로 생각했지만, 최근 들어 우리 주변에서 할 일이 많다는 걸 느꼈다고 한다. 그는 "지난해에는 미세먼지가, 올해에는 코로나19 팬데믹이 우리를 괴롭히고 있다"면서 "결국 이 모든 건 우리가 환경 문제를 도외시했기 때문"이라고 했다.

김 대표는 대학시절 '수목장'을 주제로 환경 다큐멘터리를 찍으면서 나무 사업에 대한 관심을 갖게 됐다. 수목장은 화장火葬한 유골을 나무 근처에 묻거나 뿌리는 친환경 장례방식이다. 그는 "사람들을 좀 더 친환경 방식으로 살 수 있게 유도하는 방식을 찾으면서 사업을 결심했다"고 말했다.

'나무를 심자'는 피켓을 들고 시민들에게 각성을 요구하는 환경운동가 방식이 아니다. 트리플래닛은 좀 더 영리하고 수익이 나는 방식으로 숲의 수익화를 유도한다. 첫 시작은 게임이었다. 사용자들이 나무 심기 게임을 하면, 몽골·중국 등 사막에 직접 나무를 심는 서비스를 개발했다. 이후 크라우드 펀딩으로 사업을 확장했고, 이러한 흐름은 스타 이름으로 나무심기, 반려 나무로 숲 조성하기까지 이어졌다. 그는 "한류 열풍이 이어지면서, 자신이 좋아하는 아이돌 이름으로 숲을 만드는 것도 꽤 좋은 반향을 일으켰다"면서 "마치 나무가 아이돌 그룹 멤버라도 되는 것처럼 정성스레 돌보는 고객이 많다"고 했다.

그는 환경문제를 넘어, 사회적 상처를 보듬는 일에도 나서고 있다. 2014년 4월 16일 스러져간 아이들을 위해 숲을 조성한 게 대표적이다. 첫 시작은 세기의 배우 오드리 헵번의 아들인 션 헵번 페레어의 연락에서 비롯됐다. 션은 영화, 마케팅 분야에서 일하다가 헵번이 세상을 떠난 1993년 이후부터는 오드리 헵번 어린이재단 운영에 집중하고 있다. 김 대표는 "세월호 사건 소식을 듣고 큰 충격을 받은 션이 어머니의 뜻을 이어받아 아이들을 위해 의미 있는 일을 해주고 싶다며 희생자를 추모하는 숲 조성을 제안하는 메일을 우리에게 먼저 보내왔다"고 회상했다. 2016년 4월 팽목항에서 4.16km

떨어진 곳에 '세월호 기억의 숲'이 완공됐다. 당시 션 헵번은 "저는 오늘 이 자리에 정치나 다른 모든 이슈를 떠나, 가족 대 가족으로서 두 손을 벌려 따뜻하게 안아주기 위해 왔다"는 소감을 전했다.

트리플래닛의 숲은 제3국의 가난한 시민들에게 소득을 제공하고 있다. 네팔에 조성한 커피의 숲은 깨끗한 자연환경뿐 아니라 커피 수익 또한 제공하고 있기 때문이다. 트리플래닛의 '메이크 유어 팜Make Your Farm' 프로젝트다. 김 대표는 "25년간 바나나·옥수수 농업으로 산림의 30%가 파괴됐던 네팔지역에 숲과 수익을 동시에 제공하는 사업"이라고 했다. 프로젝트 출범 이후 지역 주민들은 약 두 배의 수익 증대 효과를 누렸다고 한다. 트리플래닛이 농부들의 수익 증대를 위해 크라우드 펀딩을 통해 좋은 가격에 원두를 판매했기 때문이다. 사업이 품고 있는 선행을 인지한 기업들이 먼저 커피를 구매했다. "농가 소득 증대로 인해 농장에서 일하던 아이들이 다시 학교로 갈 수 있게 됐다는 소식이 가장 기뻤어요."

사회적 기업으로서 제법 괜찮은 족적도 남겼다. 2013년에는 전 세계에서 여섯 번째로 UN사막화방지협약 비즈니스 옵저버로 선정되기도 했다. 이 기업은 여전히 매일 300그루의 나무를 심는다. 10년 동안 환경에 기여한 경제 효과는 약 410억 원에 달한다.

그는 여전히 트리플래닛이 할 일이 많다고 했다. 지구 전역에서 이상 기후로 산불이 많아지고 있어서다. 트리플래닛은 산불이 난 지역을 다시 숲으로 되돌리는 '블랙 캔 비 그린 어게인Black can be Green again' 프로젝트도 진행 중이다. "우리 인류가 더 늦기 전에 자연을 복원하는 방향으로 나서길 바랍니다. 그린 뉴딜이란 형태로 변화를 만들어 나갈 시점이에요. 마스크도 안 쓰고, 자유롭게 숨 쉴 수 있는 세상을 만들기 위해서요." 이제 묘목을 들고 그을린 산으로 향할 시간이다.

▌식물 vs 곤충, 대체 단백질의 승자는?

미요코 시너 미요코 크리머리 CEO
우유를 사용하지 않고 치즈와 버터를 제조함으로써 유제품을 혁신하고, 전통적 요리법과 과학기술을 결합하는 음식 브랜드 미요코 크리머리의 CEO이자 창립자다. 시너 대표는 70 여 마리의 가축들에게 거처를 마련해주기 위해 캘리포니아에 보호소를 공동 설립하기도 했다.

미국 서부 지역의 산불이 급격히 확산되면서 마치 온 세상이 불구덩이에 빠진 듯 시뻘겋게 변한 사진은 전 세계를 충격에 빠트렸다. 지구 온난화로 이 지역 기후가 점차 건조해졌고 세상을 삼킬 것 같은 대형 화재가 점점 잦아졌다. 지구 온난화의 주범 중 하나가 수많은 탄소를 배출하는 육류사업이라는 점에서 대체육류·채식 산업은 미국 전역에서 주목을 받고 있다.

미요코 크리머리는 '유제품 산업의 혁신'을 기치로 삼아 캐슈넛 등 식물성 물질로 우유·버터·치즈 등 유제품을 생산하는 미국 기업이다. 프로티팜은 음식을 만드는 데 '버팔로 벌레'라는 애벌레를 이용한다. 프로티팜의 톰 모르만 CEO에 따르면 이렇게 탄생한 음식은 단백질 뿐 아니라 미네랄, 비타민, 섬유질 등의 영양이 풍부하며 육류를 생산할 때보다 더 적은 양의 토지로 더 많은 양을 양산할 수 있다.

미요코 크리머리의 미요코 시너 대표는 "지난 4월 세계적인 육가공업체 스미스필드에서 코로나19 확진자가 발생하면서 이들의 생산량이 올해 절반 수준으로 떨어질 것으로 보인다"며 "이로 인해 육류 제품은 가격이 오르고 식물성 재료는 지속적으로 가격이 떨어져 소비자들에게 보다 매력적인 선택지로 부상하고 있는 상황"이라고 말했다. 여러 기업이 육류와 상당히 비슷한 식물성 대체 고기 제품을 지속 출시하면서 맛 때문에 대체식을 하지 않는 사람들에게도 충분한 대안을 제시하고 있다고도 덧붙였다.

대체식이 각광받는 이유에는 윤리적인 논쟁도 빼놓을 수 없다. 이들은 '인간 외 다른 종의 권리'도 살펴봐야 할 요소 중 하나라고 지적했다. 시너 대표는 "인간이 생태계를 파괴하면서 지구상 포유류의 90% 이상이 인간 혹은 인간이 사육하는 가축에 속하고 4%만이 야생동물"이라며 "미국 토지 50%가 인간이 먹는 축산업에 기여하고 있다"고 말했다. 그런 점에서 채식주의자가 되는 것은 다른 종에 대한 배려심을 갖는 일이며, 특히 Z세대가 이러한 문제에 더 공감하고 있다고도 설명했다.

시너 대표는 "마치 지금 우리가 '50년 전 사람이 사람을 어떻게 노예로 삼았을까' 궁금해 하는 것처럼 50년 뒤에는 동물을 먹었던 시절을 뒤돌아보며 '사람이 어떻게 동물을 먹었을까' 궁금해 하는 날이 올 것"이라고 강조했다. 또 그 시점에는 5% 미만의 인류만이 동물을 먹을 것이기 때문에 전통적인 축산업의 85%가 바뀔 것이라 예측했다.

육류로 얻을 수 있는 칼로리를 식물로 얻기 위해서는 훨씬 많은 양의 식물이 필요하다. 닭고기 기준 대략 1(닭고기)대 7(식물)의 비율로 섭취해야 한다. 프로티팜의 모르만 CEO는 "오히려 영양 측면에서 효율을 갖고 있는 것은 곤충"이라며 "현재 1(고기)대 1.2(곤충 단백질) 정도의 비율로 보이는데, 기술이 발전하면 이보다 비율을 더 떨어뜨릴 수 있을 것으로 보인다"고 설명했다. 뿐만 아니라 이 비율은 어떤 사료로 어떤 종류의 곤충을 기르느냐에 따라서도 달라질 수 있다고도 덧붙였다.

PART 4

팍스 테크니카

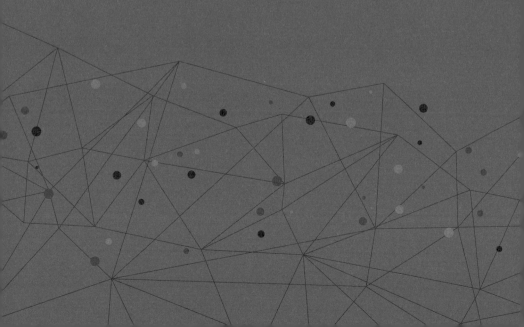

"
위기와 기회는 항상 같이 존재합니다.
여기서는 버티면 성공하는 거예요.
결국은 시간하고의 싸움이거든요.
"

서정진 Jungjin Seo

한국에서 글로벌 제약바이오기업을 탄생시키겠다는 다짐으로 2002년 셀트리온을 세웠다. 코로나19 바이러스 확산을 막고 제약바이오 기업의 사회적 책임을 다하기 위해 코로나19 항체 치료제 개발에 앞장서고 있다.

팬데믹 악순환 끊어낼
셀트리온 바이오테크

서정진 셀트리온 회장

오늘날 우리는 새로운 시도를 하고 있습니다. 인류의 역사를 쭉 보면 과거에는 인류의 가장 큰 숙제가 전쟁, 기아, 전염병이었어요. 그러니까 모든 산업이 군수산업이었고, 식량 조달의 문제, 전염병 퇴치의 문제 해결이 시급했습니다. 그다음 단계로 넘어서자 생활의 편리함을 찾는 방향으로 바뀌었습니다. 그래서 어떻게 좀 더 편리한 생활을 할 것인가에 대한 고민을 시작했습니다.

정보통신 혁명 이후에는 정보의 독점이 다 풀렸어요. 그리고 각 국가의 '지역' 개념이 다 무너져서 전 세계가 하나가 되는 글로벌화가 진행되었습니다. 그 후에는 고령화가 숙제였어요. 어떻게 하면 오래 살면서도 행복한 삶을 추구할 수 있을까 하는 문제가 있고 이를 해결하는 방법으로 4차 산업혁명이 꿈틀거리고 있었습니다. 그런데 코로나19 바이러스 사태가 벌어지면서 과거로 확 돌아간 것입니다.

지금 우리가 처한 상황이 사실은 100년 전에 있던 얘기거든요. 타임머신을 타고 가듯 100년 전으로 확 돌아가다 보니까, 모든 게 적응이 안 되고 있는 거예요. 그래서 이걸 적응을 해야 할지, 피해를 어떻게 복구할지 등 여러 이야기가 나오고 있습니다. 코로나19를 퇴치하기 위해서 약을 개발하는 회사의 CEO나 회장이 직접 강연하는 건 아마 제가 처음일 겁니다.

제일 많이 묻는 게 팬데믹이 언제 끝날 것 같냐는 질문입니다. 언제 끝날 것이냐? 완벽한 치료제나 백신이 있어야 끝납니다. 2020년 안에 끝날 것인가? 2020년 안에는 안 끝납니다. 2021년 상반기쯤 되면 윤곽이 보일 거예요. 완전히 종식되는 건 언제냐? 2021년 하반기가 되면 빨리 종식될 겁니다. 그 전까지는 답이 없습니다. 바이러스가 대단한 게 아니라 바이러스를 퇴치하는 데 아무리 빨리 해도 그 이상 당길 수가 없어요. 희망은 가질 수 있겠지만요.

Topic 1 | 경제 회복은 긴 U자로 갈 것

모든 사람들이 어려울 때일수록 낙관적인 생각을 하고 싶어 합니다. 그런데 계획은 항상 최악을 대비해서 세워야 합니다. 그것보다 더 좋아지면 좋은 거죠. 최선의 계획을 세우려면 매달 계획을 바꾸는 거예요.

어떤 사람은 V자로 경제가 회복된다, U자다, W자다, 그렇게 얘기하는데 제가 보기에 V자로 회복될 가능성은 전혀 없습니다. U자나 W자로 가는데 긴 U자가 될 것입니다. 그래서 이 사실을 인정하고 거기에 대비책을 세워야 합니다. 희망사항을 놓고 우리끼리 100번 얘기해도 달라지지 않을 것입니다.

바이러스는 뇌가 없어서 가르쳐 준다고 해도 알아듣지 못합니다. 그리고 바이러스는 싸워서 이기는 대상이 아닙니다. 바이러스는 본능적으로 번식만 할 뿐이죠. 그렇기 때문에 우리가 이들의 위험을 피해서 살아가는 요령을 터득해야 합니다. 그러면 그거로 끝나는 것이냐? 아닙니다. 변이하거나 변종이 생기기도 합니다. 코로나19 바이러스 변이가 더 진행돼서 변종이 된다면, 변종은 코로나20이라고 하겠죠. 그러면 지금까지 개발했던 건 다 무용지물입니다. 다시 또 개발해야 하죠. 저희도 항상 코로나19 바이러스의 변이 상태를 보고 있는데, 다행스럽게도 변이는 됐는데 아직 변종 단계까지는 안 왔어요. 저희는 기존 바이러스에 관한 것과 변종이 될 것을 대비하는 백신을 함께 개발하고 있습니다. 한국의 질병관리본부와 함께 개발 중입니다.

Topic 2 | 위기 이후 작동하는 산업에 포커스 맞춰야

코로나19 팬데믹에도 전보다 모든 게 잘 되는 사람도 많아요. 그런데 문제는 바로 그런 기술 중심적 기업이 고용한 직원의 수가 많지 않다는 것입니다. 숫자상으로 좋아 보이죠. 하지만 숫자적으로 경제 스펙이 커지는 것보다 일자리가 지켜지는지가 더 중요합니다. 진짜 관심을 가져야 할 곳은 사실 위기 이후에 작동하는 산업일 것입니다.

코로나19 바이러스는 영원하지 않습니다. 2021년 말이 지나야 해결된다고 했는데, 우리 인류는 약도 개발 못 할 정도의 바보가 아닙니다. 다만 약을 개발하기 위해서 물리적으로 거쳐야 하는 시간이 부족한 것뿐이죠. 그리고 언젠가는 빠른 시간 안에 이 바이러스 공격이 종식될 것입니다. 그때까지만 버티면 되는 겁니다. 코로나19 바이러스가 없어진다고 해도 우리는 계속 자동차를 타고, TV를 보고, 세탁기를 돌릴 것입니다. 삶은 계속 이어지니까요.

위기와 기회는 항상 같이 존재합니다. 여기서는 버티면 성공하는 거예요. 쓰러지는 사람이 분명히 있을 테니까. 그러면 수요와 공급의 밸런스가 역전될 수 있습니다. 그래서 어떻게 보면 이쪽 업종이 버티는 데 전 국민이 온 힘을 다해서 관심을 가져야 하고, 협력을 해야 하고 응원을 보내야 합니다. 결국은 시간하고의 싸움이거든요.

이제부터 길게 잡아야 합니다. 1년 3개월. 1년 3개월 버티는데 혼자 버티라면 못 버티고, 같이 버티라면 버틸 수 있습니다. 그래서 잘 나가던 업종에 더 많은 투자를 해야 합니다. 더 많은 고용을 해야 합니다. 전 국민이 나서서 도와주고, 쓰러지지 않게 해 주는 그런 슬기로운 선택을 우리 민족이 할 수 있다면, 이 나라가 할 수 있다면, 우리는 이 코로나19가 위기가 아니라 기회가 될 거라고 생각합니다.

인류는 약도 개발 못 할 정도의 바보가 아닙니다.

다만 약을 개발하기 위해서 물리적으로

거쳐야 하는 시간이 부족한 것뿐이죠.

그때까지만 버티면 되는 겁니다.

코로나19 바이러스가 없어진다고 해도

우리는 계속 자동차를 타고, TV를 보고,

세탁기를 돌릴 것입니다. 삶은 계속 이어지니까요.

세계지식포럼 〈위기를 기회로 바꾸는 혁신과 사회적 대통합〉 세션에서 발표 중인 서정진 셀트리온 회장

한국은 다른 나라에는 없는 숙제를 두 개나 가지고 있습니다. 첫 번째로는 미국과 중국. 힘들면 싸우는 게 답이거든요. 힘들 때는 제일 좋은 돌파구가 공적을 하나 만드는 거예요. '저 자식 때문에 그래' 이게 하나 있어야 하거든요. 그런데 미국과 중국이 싸우면 힘들어집니다. 안보를 따져보면 미국이 중요하고 경제를 따져보면 중국이 중요하니까요. 이거 남들 안 가지고 있는 거 하나 가지고 있는 겁니다. 또 분단 문제도 여전히 존재하잖아요. 이거 하나 더 가지고 있는 거예요.

그다음에 우리는 불행하게도 내수 자립형인 나라가 아닙니다. 그리고 또 부품 수출을 많이 하는데 각 나라가 이제 자기 나라에서 부품도 생산하려 해요. 그래서 외부적인 요인으로 보면 우리한테 좋을 수 있는 요인이 별로 없는 상황에 처해있습니다. 이 상황에서 제일 중요한 건 제조업 중심으로 다시 돌아가는 것입니다. 왜냐하면, 제조업이 존재하지 않는데 다른 산업이 존재하는 건 불가능하기 때문입니다. 제조업 없이는 우리 5,000만 국민의 일자리를 지켜낼 수 없습니다. 그래서 제조업이 사실은 이 나라 경제, 이 나라 산업의 근간이 되는 겁니다.

하지만 지금 제조업 하시는 분들 만나보면, 드릴 말씀이 별로 없습니다. 그래서 제가 매일 하는 얘기가 "최대한 빨리 치료제를 개발해서 최대한 빨리 극복해볼게요!" 이런 얘기만 하고 있습니다. 그런 면에서 제조업에 계시는 분들께 무척 미안함도 있고 그렇습니다.

그런데 한 가지 확실한 건, 제조업이 무너지면 이 나라 경제에 미래가 없다는 점입니다. 어려울수록 제조업 중심으로 돌아가야 합니다. 그래서 국가와 전 국민이 나서서 제조업, 자영업자가 무너지지 않게 하는 슬기로운 선택을 해야 합니다.

Topic 4 | 항체치료제 임상 2·3상 기대

우선 급한 대로 항체치료제를 개발하고 있습니다. 항체치료제는 부작용이 적고 안정성이 높지만 생산기지가 한정돼있습니다. 그런데 한국에 전 세계의 바이오의약품 생산 시설의 15%가 있습니다. 항체치료제 개발속도나 임상속도가 전 세계 어느 곳과 비교해봐도 뒤쳐지지 않았고, 이 시설 전체를 가동해서 생산한다면 매출액이 4~5조가 될 수도 있습니다.

현재 저희가 개발하고 있는 후보 치료제를 동물에 투여해보니 24시간쯤 지나니까 바이러스가 완전히 소멸되었습니다. 효과가 좋아 보여요. 이제 임상단계에 있는데 한국의 규제기관과 협력하여 좀 더 빠르게 진행할 수 있기를 바라고 있습니다. 허가가 떨어지는 대로 환자를 대상으로 하는 임상을 2·3상에서 1,000명쯤 진행하려 합니다.

제가 희망하기로는 2020년 말까지 2상을 끝낼 수 있으니까, 2상 결과가 상당히 좋고 안정성이 확보되었다면 3상을 진행하면서 많은 사람에게 처방 단계로 사용하도록 하고 싶습니다. 긴급 처방, 조건부 승인을 할 수도 있고요. 이를 위해서, 2상 이상의 데이터가 나오길 기대하며 직원들이 열심히 일하고 있습니다.

나중에 의료계를 비롯한 많은 사람에게 제안해보고 싶습니다. 한국 인구가 5,000만 명밖에 안 되니까 한 달, 일주일을 들여 전 국민을 진단하는 것입니다. 거기에서 환자가 발견되면 항체치료제를 바로 처방하는 것입니다. 중증으로 발전하지 않도록 말입니다. 그러면 바이러스에서 제일 자유로운 국가가 될 가능성이 높습니다. 그러면 일상이 지금보다 더 편안해지고 피해를 적게 보는 나라가 될 수 있는 것입니다.

Topic 5 | 청중 질문: 셀트리온의 미래

청중 셀트리온의 코로나19 항체 치료 임상시험이 잘 끝났는데 향후 출시 일정은 어떻게 되나요?

서정진 셀트리온은 2020년 7월, 식품의약품안전처로부터 임상시험 계획을 승인받아 건강한 성인을 대상으로 한 임상 1상 시험을 마무리했습니다. 허가가 떨어지면 2, 3상을 곧바로 시작할 예정입니다. 한국을 포함한 5개 국가에 이미 임상 2상 신청을 했고, 5개 국가에 더 신청하여 글로벌 임상을 진행하려 합니다. 임상시험도 1,000명을 대상으로 실시할 예정이고요. 3상은 2021년에 들어가는데 그것도 3, 4월이면 다 끝납니다.

그래서 저는 희망하기를 2상에 안정성과 효과가 충분히 입증되어서 3상을 진행하면서 조건부라도 상업적 사용이 가능하도록 진행하고 싶습니다. 빨리 더 많은 환자가 치료받을 수 있도록 말입니다. 2021년 상반기 말쯤에는 허가받는 모든 정규 과정이 종료될 수 있도록 속도를 내고자 합니다.

청중 중국의 바이오산업이 커지고 있는데요. 이에 대한 의견을 부탁드립니다.

서정진 중국은 16억 인구입니다. 전 세계 70억 중 16억의 인구이기 때문에 중국은 미래의 좋은 시장입니다. 중국 정부에게는 중국에서 필요한 것을 중국에서 만들고 또 이를 중국에서 소비하는 것이 이상적이죠. 제가 봤을 때 한국에서 개발하기에는 경제성이 떨어지거나 노동 집약적인 부분을 중국에서 진행하는 등 이원화하여 개발하는 것이 좋습니다. 그래서 셀트리온도 중국 정부와 논의하며 중국 진출을 추진하고 있습니다.

다만, 공장을 짓기 위해서는 지질 조사 등 기공식을 해야 하는데, 코로나19 때문에 국가 간의 이동이 원활하지 않습니다. 미국과 유럽의 엔지니어도 필요하다보니 진행하기 어려운 상황이죠. 이런 문제 때문에 셀트리온도 아직 착공식을 하지 않았어요. 그런데 그 프로젝트는 현재 진행형이고 앞으로도 이어갈 예정입니다.

1

의료 혁신:
실시간·언택트·빅데이터

▌국경 없는 코로나19 백신을 찾아서

세스 버클리 세계백신면역연합 CEO
신형 백신에 대한 접근성을 높여 세계 극빈층 어린이를 보호하는 일을 진두지휘하고 있다. 그의 리더십 덕분에 세계백신면역연합은 2019년 세계 최빈국에 꾸준히 아동용 백신을 보급한 공로를 인정받아 공공 서비스 부문 래스커상을 수상했다.

멍샹진 버지니아 폴리테크닉 주립 대학교 교수
1999년 버지니아 폴리테크닉 주립 대학교 교수진에 합류해 현재 이 대학을 대표하는 교수다. 멍 박사의 연구 분야는 코로나19 바이러스와 E형 간염바이러스를 포함해 동물원성動物原性 감염증 바이러스에 집중되어 있다. 멍 박사 연구팀은 돼지 E형 간염바이러스를 돼지에서 발견했고, 결국 인간 E형 간염바이러스를 동물원성 감염증으로 확인하는 성과를 거두었다.

코로나19 위기가 지속되면서 전 세계의 사망자 수는 100만 명, 총 감염자 수는 3,000만 명에 이른다. 2021년 말까지 코로나19 백신 20억 도스(1도스는 1회 접종 분량)가 공급될 것으로 예상되는 가운데 글로벌 백신 전문가들은 이 백신이 선진국과 개도국 모두에 형평성 있게 분배되어야 한다고 강조했다.

백신, 모든 국가에 형평성 있는 분배 중요

세스 버클리 세계백신면역연합 CEO는 "전 세계 모든 국가들이 지불 능력과 상관없이 빠르고 공정하고 형평성 있게 코로나19 백신 공급받을 수 있도록 히는 것이 목표"라며 "코백스는 전 세계를 위한 보험과 같다"고 밝혔다.

코백스 퍼실리티COVAX Facility는 향후 개발된 코로나19 백신의 충분하고 공평한 배분을 위해 세계백신면역연합이 제안한 글로벌 백신 공급 메커니즘이다. 또한 2021년 말까지 전 인구의 20%까지 백신 균등 공급을 목표로 세계보건기구, 감염병혁신연합CEPI 등과 협력하고 있는 다국가 연합체다. 현재 전 세계 170개국이 참여 의사를 밝힌 것으로 알려져 있다. G20 재무·보건장관도 18일 공동선언문을 통해 "코로나19 백신이 특정 국가의 독점 없이 공평하고 충분하게 보급되는 것이 중요하다"고 밝힌 바 있다.

버클리는 "현재 200여 개의 후보 백신이 개발되고 있으며 그중 약 35개가 임상 단계, 또 그 가운데 9개가 임상시험 3상을 추진하고 있다"면서 "이 9개 중에서도 다 성공할 수 있는 건 아니다. 백신 개발 성공률은 10%에 불과하다"고 밝혔다. 그러면서 "2021년 말 20억 도스를 확보하면 고위험군과 취약계층, 그리고 의료진들에게 공급할 것"이라는 원칙을 이야기했다.

버클리는 백신 공급을 완전히 시장에 맡길 수 없다는 점을 분명히 했다. 그는 "2009년 신종플루H1N1(일명 돼지독감) 당시 소수의 국가에서 신종플루 백신이 개발되기도 전에 전 세계 대부분의 공급량을 사전 수문했다"며 "코로나19 사태 아래에선 이 같은 백신 민족주의는 재앙이 될 것이며 모든 국가가 백신 공급을 받지 않는 한 코로나19 위험은 계속되고 정상적인 생활로의 복귀 역시 지연될 것"이라고 경고했다. 그는 "모든 국가에서 가장 취약한 사람들이 신속·공정·공평하게 백신에 접근할 수 있도록 해야 한다"며 "이를 달성하는 방법은 이번 팬데믹의 유일한 글로벌 솔루션인 코백스를 통하는 것"이라고 했다.

일각에서는 코로나19 백신 효과가 인플루엔자 백신처럼 50% 전후에 불과하다면 코로나19는 완전히 종식될 수 없다는 의견을 내놓고 있다. 이에 대해 버클리는 "아직 코로나19 백신 효과가 어느 정도인지 파악하기 이르다. 전염병의 규모와 백신에 대한 수요, 이로 인해 혜택을 받게 되는 사람 수를 고려하면 상대적으로 효과가 낮은 코로나19 백신이라도 엄청나게 긍정적인 영향을 미칠 수 있을 것"이라고 했다.

2021년 말 백신 공급은 고위험군·취약계층·의료진 우선 배분

세계백신면역연합은 백신 개발을 18개월 안에 마치는 것이 목표이며, 여러 단계의 임상시험을 순차적 방식이 아닌 동시에 수행하는 방식으로 프로세스를 가속화하고 있다고 했다. 버클리는 "일반적으로 백신 제조업체는 규제 당국의 승인을 받기 전에 대규모 생산 시설에 투자하는 것을 꺼린다"며 "코백스 시설은 백신이 승인

되기 전에 제조업체가 생산 능력에 투자할 인센티브를 만드는 것이 목표"라고 설명했다.

버클리는 코로나19 백신이 제 기능을 하기 위해선 기존 예방접종 시스템을 유지하는 것 또한 중요하다고 강조하기도 했다. 그는 "기존 예방접종 프로그램이 원활하게 진행되어야 이 시스템과 인프라를 이용해 전 국민들에게 백신 접종도 할 수 있는 것"이라 설명했다.

앞으로 코로나19 팬데믹처럼 다른 대규모 전염병이 나타날 가능성도 있는지 묻자, 버클리는 현 상황에선 충분히 그럴 수 있다고 답했다. 그는 "도시화와 인구 증가, 기후변화 등은 바이러스가 더욱 쉽게 확산되도록 만든다"며 "기후변화로 강우량이 늘고 기온이 올라가 질병 매개체인 모기 종의 서식지가 확장됐고, 삼림 벌채 등으로 박쥐처럼 본래 고립돼 살던 숙주 동물과 인간의 접촉 역시 늘어났다"고 설명했다. 대처법에 대해선 "질병 감시를 개선·확장해나가는 것이 중요하며 특히 세계에서 가장 가난하고 고립된 지역에서도 질병 통제가 가능해야 한다"며 "이를 위해선 아동들이 정기적으로 예방 접종을 받을 수 있도록 1차 의료 서비스를 구축하는 것이 최선"이라고 했다.

이어 멍샹진 버지니아 폴리테크닉 주립 대학교 교수는 향후 또 다른 전염병 팬데믹 발생을 막기 위해선 동물에서 유래한 병원체를 잘 예방해야 한다고 강조했다. 멍샹진 교수는 "에볼라, 사스, 돼지독감, 메르스, 코로나19의 공통점은 사람에게 감염을 일으키며, 그 유래는 동물에서 유래한 감염병이라는 것"이라며 "산림 황폐화와

밀렵, 야생동물 고기를 먹는 것, 야생동물 거래 시장, 집단사육 시설 등이 결국 인간에게 해로운 감염병을 일으키게 됐다'고 설명했다. 그는 박쥐 등 야생동물 관련 병원체가 약 200여 개에 달하며 인간에게 위협이 될 가능성도 있다고 봤다. 코로나19는 박쥐에서 유래한 것으로 알려져 있는데, 박쥐는 포유류면서 이동 거리가 굉장히 길고 체온이 높다. 따라서 박쥐 안에서 버티는 바이러스가 인간에게 전염되면 오히려 더 그 효과가 증폭되고 치명적일 수 있는 것이다. 멍상진 교수는 "인간에게 전염시킬 가능성이 있는 전염병을 관리하기 위해선 동물 숙주 단계에서 이를 막아야 하며, 이를 위한 백신이 필요하다'고 했다.

제롬 김 국제백신연구소 사무총장은 백신 개발 현황과 그 과정에서 중요한 요인에 대해 이야기했다. 그는 "대부분의 백신 개발이 항체, 중화항체를 활용하고 있으며 기존에 5~10년 걸렸던 것을 6~18개월 안에 진행 중"이라며 "동물 실험에서 효과가 있다고 인간에게도 그 효과가 나타날지는 임상이 필요하며 언제, 어느 정도 양을 투여해야 할지, 주기는 어떻게 할지 등 정해야 할 것이 산적해 있다"고 설명했다.

뿐만 아니라 코로나19 백신의 경우 개발 기간이 단축돼 장기적으로 안전성 문제가 발생하지 않는지도 파악이 필요하다. 그는 "백신 개발 실패율이 92%에 달하는데 그럼에도 불구하고 제약회사들이 개발에 박차를 가하기 위해선 리스크, 즉 비용을 줄여줘야 한다"며 정부 및 연합체의 자금 지원이 중요한 이유를 설명했다. 또 "안전성과 효과가 입증된 백신이 난무하는 것이 백신에 대한 신뢰를 저해

할 수 있다"고도 했다. "코로나19가 개도국에서 계속 만연하고 사망
자가 발생하면 그것이 선진국으로 들어오지 말라는 법이 없다"며 코로
나19 백신이 형평성 있게 공급되어야 한다는 의견도 분명히 했다.

▌코로나19 백신 개발 가속화하는 3D 혁신 기술

버나드 샬레 다쏘시스템 CEO
혁신 문화를 확산시켜 다쏘시스템의 과학적 역량을 한층 강화하고 과학을 회사 DNA의 일
부로 만드는 데 기여했다. 1983년 다쏘시스템에 합류해 설계 기술을 개발했으며 1986년
에는 신기술, 연구개발, 전략 전담부서를 만들었다.

"'디지털 경험'과 '버추얼 트윈(현실과 똑같이 작동하는 가상 세계)
경험'이 경제 전반에 걸쳐 판도를 바꾸는 게임 체인저가 될 것이다.
비행기·자동차 등 일반적인 제조 영역을 넘어 의료·생명과학 분
야에 특히 큰 영향을 줄 것으로 본다. 현재 전 세계 백신 임상시험
60% 가량이 다쏘시스템의 메디데이터 플랫폼을 사용하고 있다."

버나드 샬레 다쏘시스템 회장 겸 CEO의 말이다. 다쏘시스템은
세계 10대 소프트웨어 기업 중 하나로, 제품을 개발할 때 기획·설
계·시뮬레이션 테스트·제조·생산 등을 가상 환경에서 할 수 있는
플랫폼을 제공하는 회사다.

가상으로 약물의 효능과 안전성을 사전에 시뮬레이션하고, 최
적의 신약 후보물질을 도출해 방대한 임상 데이터를 통해 임상시
험을 가속화하는 기술이 가능하다는 것. 과학 혁신기술의 도움으로

수년이 소요되는 신약 개발과 임상시험이 획기적으로 단축될 수 있다. 샬레는 이번 대담에서 가상 세계가 어떻게 실제 세계를 확장하고 개선할 수 있는지에 대해 논의했다.

조영빈 다쏘시스템코리아 대표이사는 "현실 세계에서 건물을 지었다 부수는 것은 큰 비용이 든다. 하지만 이런 일을 가상 플랫폼을 활용해 진행하면 비용이 들지 않고, 횟수의 제약을 받지 않는다"고 설명했다. 다쏘시스템은 이 같은 혁신 기술로 코로나19 극복에도 기여하고 있다. 다쏘시스템의 가상 플랫폼에선 나노 물질까지 설계·시뮬레이션·조합이 가능하기 때문에, 가상에서 수많은 실험을 진행해 신약 개발 기간을 단축시킬 수 있다. 글로벌 상위 20개 제약회사가 다쏘시스템을 솔루션을 사용하고 있는 이유다. 조 대표이사는 "코로나19 위기 속에선 이 약물이 사람들에게 실제로 어떤 영향을 줄지 컴퓨터상에서 테스트해볼 수 있다. 이 같은 과정을 거쳐 만들어진 약물은 성공률이 높다"고 설명했다.

또 신약을 개발하는 경우 임상시험을 거쳐야만 하는데, 일반적으로 10년 넘게 걸리는 프로세스를 컴퓨터상의 임상시험으로 바꿔 그 기간을 2~3년으로 단축시킬 수 있다. 특히 백신 개발 과정에서 임상시험은 중요한 부분을 차지한다. 샬레는 "임상시험은 새로운 백신을 만들기 위한 과정 중에서 총 비용과 기간의 절반을 차지한다"고 설명했다. 백신 개발의 50%가 임상시험에 달려 있다는 뜻이다.

다쏘시스템이 임상시험 부문에 좋은 결과를 낼 수 있었던 데는 지난해 인수한 메디데이터의 공이 크다. 샬레는 "지난해 11월 60억 달러를 투자해 인수한 임상 플랫폼 메디데이터는 전 세계에서 가장 방대한 임상시험 데이터를 보유하고 있다"며 "환자의 경험을 포함한 실제 데이터를 가상 모델링과 시뮬레이션에 연결할 수 있게 됐다"고 말했다.

그렇지만 처음부터 팬데믹을 감안하고 예정된 일은 아니었다. "지난해 다쏘시스템은 임상시험 시장을 선도하고 있는 기업 메디데이터를 인수했다"며 "그때만 해도 세계적인 팬데믹이 찾아와 다쏘시스템이 코로나19 백신 개발과 임상시험에 핵심적인 역할을 하게 될 줄 몰랐다"고 말했다. 다쏘시스템은 해당 인수 이후 제약업계에서 크게 부각됐다. 의료와 생명과학 영역에 다쏘시스템의 솔루션이 큰 영향을 미치게 된 것. 살레는 "현재 메디데이터 플랫폼으로 코로나19 백신과 관련된 전 세계 임상시험의 60%가 진행되고 있다"며 "임상시험과 관련된 인구가 크게 늘어나 우리에겐 매우 큰 도전이다"라고 전했다.

다쏘시스템은 코로나19의 발원지인 중국 우한에 병동을 짓는 데도 기여했다. 우한 레이선산 병원에 음압병동을 지을 때 방역의 가장 핵심적인 역할을 하는 공기순환 시스템을 가상 플랫폼을 통해 시뮬레이션 한 것이다. 이를 통해 1박 2일 만에 병원 설계를 마치고 2주 만에 병상 1,000개가 들어가는 병원을 완공할 수 있었다.

실제와 똑같은 가상현실을 구현하는 다쏘시스템의 플랫폼은 원래 제조업 분야에서 더 활발히 이용됐다. 비행기를 만들 때 다쏘시스템의 '디지털 트윈 기술'을 활용하면 모든 과정을 디지털로 진행해 플랫폼 상에서 부품을 조립해볼 수 있다. 또 이 비행기가 안전하게 날 수 있는지 공기저항, 속도 등을 컴퓨터상에서 시뮬레이션 할 수 있다. 이런 디지털 결과를 토대로 실제 비행기를 제작할 수 있는 것. 다쏘시스템은 제품, 도시를 비롯해 이제는 인체까지 가상으로 구현하고자 한다. 특히, 심장 등 중요 장기를 가상으로 구현해 고난도의 수술을 가상에서 미리 시뮬레이션 하는 기술을 개발 중이다. 이 기술이 상용화되면 수술 성공률이 높아질 가능성이 크다.

샬레 회장은 "현재 제조업은 성장이 둔화되고 있다"며 "특히 우리가 담당하고 있던 제조업 분야 중 항공과 항공 장비 부문의 성장이 느려지는 중"이라고 말했다. 이런 변화에 대해서 그는 "게임 체인저로 봐야 한다"며 "자동차 산업은 이제 '클린 모빌리티'로 포트폴리오를 다시 짜고 있다"고 설명했다.

다쏘시스템은 제조업 분야에서 생명과학 산업으로 눈을 돌리고 있다. 샬레는 "현재 생명과학 산업은 제조업보다 디지털화가 덜 된 편"이라며 발전의 여지가 많다고 설명했다. 또 그는 "생명과학 산업에는 과정, 조직, 연구개발, 연구소, 시험, 임상시험, 생산 등의 과정이 매우 세분화되어 있고 5년 전의 제조업처럼 연결성이 없다"고 설명했다. 다쏘시스템이 생명과학 산업에서 발전할 여지가 많다는 뜻이다.

다쏘시스템은 15년째 생명과학에 투자 중이다. 샬레 회장은 생명과학 투자에 대해 "우리는 제조업 위주로 사업을 했기에 쉽지 않았다"고 설명했다. 비행기 중 100%, 자동차 중 60%, 그리고 다양한 기계, 에너지 시스템 등이 다쏘시스템의 소프트웨어로 만들어지고 있다. 샬레는 "제조업을 통해 얻은 지식과 노하우를 살아있는 장기와 사람의 세포에 적용할 수 있다"고 설명했다. 다쏘시스템의 플랫폼을 통해 시뮬레이션과 실제 임상시험을 연결해 결과를 유추할 수 있다는 뜻이다.

샬레는 미래 다쏘시스템의 과제로 두 가지를 꼽았다. "일단 연구개발 프로젝트 자체가 줄어들고 있다"며 "그렇기 때문에 새로운 분야의 제품 개발이 필요할 것으로 보인다"고 말했다. 샬레는 올해 다쏘시스템이 10~12% 정도 성장할 것으로 예상했다. "제조업 분야가 침체하고 있지만 생명과학은 싱장하고 있다"고 얘기했다.

포스트 코로나 시대에 기업은 어떤 태도를 지녀야 할까. 샬레는 "새로운 솔루션과 포트폴리오를 미리 준비해야 한다"고 조언했다. 위기가 끝나고 새 제품에 대해 고민하기 시작하는 것은 늦을 수도 있다는 뜻이다. 그는 "이미 중국은 코로나19 위기로 여러 분야에서 이점을 선점하고 있다"고 말했다.

▌백신 나와도 낙관할 수 없는 이유

레이 커즈와일 미래학자
세계에서 가장 저명한 발명가, 사상가이자 미래학자로, 30년간 정확한 예측을 제공해왔다. 〈월스트리트 저널〉에서 '쉬지 않는 천재', 〈포브스〉지에서 '초고성능의 생각 기계'라는 극찬을 받았다. 그는 CCD 방식의 스캐너, 광학문자 판독기, 시각장애인을 위한 인쇄 판독기, 자동번역기, 신시사이저, 장문 스피치 판독기를 발명한 인물이기도 하다.

"전례 없는 글로벌 팬데믹 상황을 완전히 극복하는 데 수년이 걸리게 될 것" 세계적인 미래학자 레이 커즈와일은 코로나19의 미래에 대해 "인류가 궁극적으로 극복하고 일상으로 돌아갈 수는 있을 것"이라면서도 "코로나19 극복을 위해선 백신이 나와야 하는데 이게 얼마나 효과를 낼지, 또 어떤 부작용이 있을지 확신하기 힘들다"고 전망했다.

여러 백신들 간 부작용 문제 존재

2005년 저서 《특이점이 온다》로 세계적인 미래학자 반열에 오른 커즈와일은 코로나19 극복에 예상보다 긴 시간이 걸릴 수밖에 없는 이유로 백신과 백신 간 교차 접종 문제를 들었다. 그는 "75% 효과를 내는 백신이 나온 뒤 5개월 뒤 95% 효과를 내는 백신이 나온다고 가정해 보자. 만약 앞서 백신을 맞은 사람이 그 뒤에 효과가 좋은 백신이 나왔다고 해서 선뜻 추가 접종할 수 있겠느냐"고 했다. 커즈와일은 이어 "두 개의 서로 다른 코로나19 백신에 대한 실험을 하지 않은 상태에서 두 백신을 함께 투여할 경우 어떤 결과가 나올지 알 수 없다"며 부작용에 대한 우려 때문에 백신이 개발되더라도 코로나를 극복하기까진 상당한 시간이 걸릴 것으로 내다봤다.

이는 백신 출시가 임박했다는 뉴스가 쏟아지는 상황에서 쉽게 상황을 낙관하지 말라는 경고인 셈이다. 결국 글로벌제약사들이 동시다발적으로 백신을 내놓는 상황에서, 최선의 백신이 가려지게 될 것이며 이후 이를 통해 집단면역이 형성되기까진 수년이 걸릴 수밖에 없는 만큼 코로나19와의 장기전에 대비하라는 얘기로 풀이된다. 커즈와일은 "사실 수백 년간 이런 팬데믹이 발생하지 않았던 게 대단한 일이라고 본다"며 "사회적 거리두기란 사회적 동물인 인간에겐 부자연스러운 것이라 고통스러운 시간이 될 수밖에 없을 것"이라고 했다.

유전공학 발전으로 질병극복 · 수명 연장엔 낙관

다만 커즈와일은 향후 유전공학을 통해 대부분의 질병이 치유되고 노화과정도 늦추면서 수명이 상당히 연장될 것으로 예측했다. 그는 '영생이 가능하겠느냐'는 질문에 "나노기술을 통해 인체 내 산소를 투입하고 이산화탄소는 제거되는 게 수명 연장의 기본 원리"라며 "또 주입된 효소가 상당히 중요한 역할을 하면서 의료계가 직면한 여러 도전들을 극복해 나가게 될 것"이라고 했다.

커즈와일은 자신의 주력 분야인 인공지능과 관련해선 "2030년이 되면 우리 뇌의 신피질 위층을 인공지능과 인터페이스로 연결시킬 수 있을 것"이라며 "(인터넷) 웹과 우리 뇌의 신피질이 직접 연결되면 뇌가 똑똑해지고 우리의 능력은 더 증강될 것"이라고 했다. 이어 "여기에 클라우딩 컴퓨터를 결합한다면 생성될 지능의 총량이 엄청날 것"이라며 "우리 두뇌 밖 인공지능을 활용해서 발명을 하는 상황까지 오게 될 것"이라고 예상했다. 대뇌에 위치한 신피질은 추상적 사고와 추리 기능을 맡고 있는데, 층층이 쌓여있는 구조인 신피질의 가장 위층에서 고도의 사고가 가능하다는 게 커즈와일의 설명이다.

| GE커맨드센터, 효율 높이는 실시간 병상 확인 시스템

제프 테리 GE커맨드센터 사장

GE헬스케어 내 파트너스 비즈니스의 커맨드센터 그룹을 이끌고 있다. 2001년 GE 입사 이후 식스 시그마, 임상 자산 운영 프로젝트, 임상 오퍼레이션 및 다수의 헬스케어 전략과 환자 안전에 관련된 솔루션 프로젝트를 진행해왔다.

"일분일초를 다툴 정도로 높은 긴장감 속의 의료 환경에서는 의료진들 간의 의사결정이 쉽게 서로 공유되어야 합니다. 팬데믹 시기에 커맨드센터는 적절한 정보를 의료진들에게 적시에 제공하여 가능한 최선의 방법으로 환자를 돌보는 데 소중한 시간을 사용할 수 있도록 지원합니다."

제프 테리는 "세계 200개 이상 병원에서 커맨드센터를 도입해 코로나19 상황 관리를 지원하고 있다"며 "코로나19 관련 커맨드센터 소프트웨어는 병원이 보유한 침상과 인공호흡기, 개인보호장구, 병원 의료진과 직원 등 그 수요를 실시간으로 매치해 관리한다. 환자가 갑자기 급증할 때 가능한 많은 환자를 치료할 수 있도록 지원할 수 있고, 입원한 코로나19 환자가 자리에서 벗어난 것을 경고해주기도 한다"고 설명했다. 그는 특히 커맨드센터가 의료진과 자원이 한계에 도달하는 시기에 유용할 것이라는 의견을 제시했다. 테리 사장은 "커맨드센터는 실시간 정보와 인텔리전스를 제공해 모든 의료 자원의 활용도를 극대화하고 혼란스러운 시간에 놓칠 수 있는 사항들을 포착하는 데 도움을 준다"고 밝혔다.

GE헬스케어에 따르면 커맨드센터는 기계 학습과 기타 알고리즘 등 첨단 기술을 활용하고 있으며 스마트폰 애플리케이션처럼 사용하기 쉬운 소프트웨어를 갖추고 있다. 이에 기반을 두어 병원이 동일한 비용과 자원으로 20% 더 많은 환자를 진료할 수 있도록 해준다. 또 코로나19 커맨드센터 애플리케이션 '타일Tiles'은 독감이나 다른 질병의 치료를 지원하기 위해서도 쓰일 수 있다. 테리는 "이 애플리케이션은 새로운 질병에도 쉽게 적용될 수 있다. 대형 산불이나 허리케인과 같은 재난 속에서 발생할 수 있는 의료상황에도 대처 가능하다"고 했다.

이 같은 시스템을 도입하는 데 별도 준비가 필요할까. 테리 사장은 "커맨드센터는 병원의 기존 시스템을 대체하는 게 아니라 기존 데이터를 실시간으로 가용할 수 있도록 하는 것"이라며 "데이터를 수집·연결·구성하여 가장 중요한 순간에 의료진이 통찰력을 가질 수 있도록 돕는 데 그 목적이 있다"고 했다.

코로나19 팬데믹이 지속되면서 헬스케어 산업에 대한 관심 역시 높아지고 있다. 헬스케어 산업의 미래에 대해 테리는 '가상화'와 '연결'이 더욱 강화될 것이라는 전망을 내놨다. 그는 "의사와 환자 간 원격 진료가 빠르게 도입되고 여러 의료진들 간의 원격 상담을 통한 협업도 더욱 확장될 것"이라며 "팬데믹은 기술과 문화 측면에서 실시간 공유에 대한 거부감을 완화시켰고, 이 같은 현상은 일상화될 것이라고 본다"고 말했다.

| 헬스케어의 미래, 실시간 언택트 의료

박종훈 고려대 안암병원 원장

박종훈 고려대 안암병원장은 고려대 의과대학을 졸업하고, 울산대에서 생화학 석·박사를 마쳤다. 정형외과 근골격계 종양을 전공했으며, 안암병원 적정질관리위원장, 진료부원장, 의료원 대외협력실장, 의무기획처장 등 주요 보직을 역임했다.

"코로나19 이후 헬스케어 시스템 변화가 급속도로 진행됐다. 미국 내 거의 모든 도시 컨벤션 센터가 입원환자 공간으로 바뀌었으며 산소호흡기 생산은 불과 4개월 만에 매달 12만 개로 늘어났다. 이 정도는 빙산의 일각이다. 코로나19 이후 차세대 헬스케어 시스템은 '실시간 언택트 의료'가 될 것이다. 아마존, 넷플릭스 등이 현재 시장에서 차지하고 있는 것을 떠올리면 된다. 이것이 바로 뉴노멀이다."

박종훈 고려대 안암병원 원장과 정완교 서울대 보건대학원 교수가 함께 코로나19 바이러스 대처와 뉴노멀 시대의 헬스케어에 대해 토론했다. 박 원장은 코로나19로 인해 병원 운영의 효율성을 높이는 것이 큰 과제로 떠올랐다는 현장 체험을 들려줬다. 그는 "1,000 병상이 넘어가는 대형 병원 경영은 내일, 모레조차 병상 여력 등 예측이 어려운 것이 현실이다. 정부에서 코로나19 관련 급작스런 협조 요청이 와도 병원의 현재 상황을 예측하기 어렵다"며 "IT 발달로 여러 데이터를 수집하다 보니, 의료진이 환자 치료보다 기록에 집중하는 일이 많이 생기고 이에 따라 환자의 안전성이 떨어질 우려가 있다"고 토로했다. IT 발전이 의료 질 향상으로 이어지기

느커녕 '기록'에 대한 업무강도 강화로 이어져 의료진의 피로도가 극에 달하고 있다는 진단이다.

때문에 이 같은 노동집약적 의료 현실을 커맨드센터와 같은 운영 툴을 도입하여 효율성을 개선하는 한편, 대면 치료는 가급적 지양하고 언택트 의료를 이루는 것이 뉴노멀이라는 생각이다.

박 원장은 "중요한 것은 시대정신이다. 우리가 나가야하는 미래 시대는 병원 운영에 관해 예측할 수 있어야 한다"며 "원무와 수납에 불필요한 인력이 투입되고 의료진이 보험회사 보고서를 작성하는 잡무에 시달리는 게 과연 필요한지, 환자들이 간단한 처방을 받기 위해 병원을 꼭 와야 할지 등의 의문은 10년만 지나도 없어질 것"이라고 말했다. 이 같은 언택트 의료 필요성에 대해 참석자 모두가 공감하는 가운데 정책 설정에 있어서 사회적 합의가 절실하다는 지적도 나왔다.

정 교수는 "(언택트 의료 관련) 인공지능 기술 등은 기존 의약품, 의료기술과는 다른 영역이라는 점을 감안해 정책 결정에 있어 어떠한 가치를 지향하는지, 이와 같은 자원배분이 어떤 결과를 낳을지 고민해야한다"며 "이 같은 변화를 우리가 얼마나 받아들일 수 있는지 논의를 통해 결정해야 한다"고 말했다.

정 교수는 의료와 관련된 자원배분을 설명하기 위해 미국에서 신장 기부자와 이식 환자간 연결 방식을 예로 들었다. 그는 "미국의 경우 기부된 신장이 알고리즘에 의해 배분이 된다"며 "처음에는 기부받은 사람의 기대수명을 높이기 위한 목적으로 배분돼 건강하고 젊은 사람 신장은 젊은 사람에게, 나이든 사람 신장은 나이든 사람에게 우선적으로 배분됐다"며 "문제는 젊은 환자의 경우 빨리 신장을 이식받기 위해 본인의 신장 건강을 관리할 유인이 떨어졌고, 노인의 경우 연령에 따라 차별받는 문제가 제기됐다"고 말했다.

이어 "이후 기증 신장 원칙이 연령만이 아닌, 대기 시간을 추가로 고려한 방식으로 바뀌었다"며 "향후 인공지능 기술을 활용해 이같은 의사결정을 할 경우 어떠한 가치를 지향하는지를 살펴봐야 한다. 그리고 그러한 의사결정에 따라 배분된 것이 어떤 결과를 내는지 살펴보고 이에 기초해 의료정책 규제가 지속적으로 발전해야 한다"고 말했다.

2

빅테크와
디지털 데이터 천하

| 거대 IT 기업의 시장 지배

클라우스 슈바프 세계경제포럼 회장
1971년 세계경제포럼을 창립했다. 그의 리더십 덕분에 포럼은 무수히 많은 협력과 국제
조약의 기폭제 역할을 수행하면서 세계가 화합하는 계기가 되었다. 그는 프리부르대에서
수석으로 경제학 박사학위를 취득했고 스위스 취리히연방공과대에서 공학 박사학위, 하
버드대 케네디스쿨에서 공공행정학 석사학위를 취득했다.

조현상 효성그룹 총괄사장
효성첨단소재 PG(퍼포먼스 그룹)장과 효성화학 최고마케팅책임자CMO를 겸임하고 있
다. 1998년 효성그룹 구조조정에 컨설턴트로 참가해 성공적으로 프로젝트를 수행한 뒤,
2000년부터 그룹에 몸담아 본격적인 업무를 시작했다.

'4차 산업혁명'은 2016년 세계경제포럼 연차총회(일명 다보스포
럼)에 주제로 등장하면서 전 세계에 회자되기 시작했다. 이 단어를
처음 세상에 선보인 사람이 클라우스 슈바프 WEF 회장이다. 슈바

프는 조현상 효성그룹 총괄사장과 대담하면서 코로나19 등장으로 4차 산업혁명을 재정의해야 한다고 설명했다. 조 사장은 다보스포럼에서 선정한 '영 글로벌 리더' 멤버라는 특별한 인연으로 이번 대담을 진행하게 됐다.

조 사장이 "코로나19가 4차 산업혁명에 어떤 영향을 미쳤고, 어떻게 대응해야 하는가"라고 묻자 슈바프 회장은 "코로나19가 4차 산업혁명의 속도를 가속화했다"고 평가했다. 그는 "10년 전 인류가 코로나19와 같은 바이러스 확산에 직면했다면 회사나 학교, 정부를 막론하고 어떤 조직도 이렇게 빠르게 온라인화하지 못했을 것"이라고 분석했다. 그는 온라인화가 애플, 삼성, 알파벳, 아마존, 페이스북 등과 같은 '빅테크' 기업의 지배적인 시장 지위를 고착화했다고 설명했다.

반면 코로나19는 불평등 심화라는 부작용도 가져왔다. 슈바프 회장은 "교육 접근성이 떨어지는 학생이나 비숙련 노동자, 디지털화되지 못한 회사와 정부는 훨씬 더 큰 어려움에 직면했다"며 "포스트 코로나 시대를 재설립할 때 가장 중요한 부분 중 하나는 4차 산업혁명의 과실이 모든 사람에게 골고루 퍼지도록 하는 것"이라고 주장했다. 그러기 위해서는 재교육에 막대한 투자가 이뤄져야 한다고 내다봤다.

뿐만 아니라 코로나19 이후 데이터 소유권, 지적 재산권, 4차 산업혁명 시기의 경쟁에 대한 새로운 규율이 필요하다고도 지적했다. 그는 "이는 공공과 민간 부문의 협력이 필요한 부분"이라며 "4차 산업혁명과 혁명이 수반하는 기술을 받아들여서 우리의 미래가 번창

할 수 있도록 해야 한다"고 힘줘 말했다.

슈바프는 코로나19 이후 단기적으로는 탈세계화가 더욱 가속화될 것으로 전망했다. 앞으로 수년간 글로벌 기업들은 생산 기지를 다시 국내로 들여오는 '리쇼어링Reshoring'을 단행할 것이고, 한국도 이 같은 변화를 도모할 준비를 해야 한다고 강조했다. 성장하는 아시아, 유럽, 미국 등 세계 각국과 돈독한 관계를 형성하고 생산시설에 투자하는 데 더 많은 자원을 투자해야 할 필요가 있다는 의미다.

슈바프는 무엇보다 중요한 글로벌 공조가 다양한 이해관계로 인해 이뤄지지 못하고 있다고 평가했다. 조 사장은 코로나19 이후 국제사회에서 대두되고 있는 국제기구와 관련한 우려에 대해서도 지적했다. 슈바프 회장은 이에 동조하며 "기존처럼 경제적 발전만을 도모하는 방식에서 벗어나 불평등과 교육 같은 새로운 질문에 답할 수 있어야 한다"며 "OECD는 이 역할을 매우 잘해줬다"고 평가했다. 그는 디지털 세계와 4차 산업혁명에서도 국제기구의 새로운 역할이 중요하다고 역설했다.

슈바프는 "글로벌 협력, 교역, 전쟁 등 많은 글로벌 상호작용이 온라인에서 일어나는데 오프라인 국제기구 같은 역할을 온라인에서 하는 국제조직은 아직 없다"고 지적했다. 세계 각국의 이해관계와 시각을 반영한 국제조직이 필요하며, 세계무역기구가 이 역할을 해주길 기대한다고도 말했다.

▍사회적 격차가 디지털 격차로

세드리크 오 프랑스 디지털경제부 장관

프랑스 디지털경제부 장관이며 에마뉘엘 마크롱 대통령과 함께 새로운 정당(현재 프랑스 집권당인 앙마르슈)을 함께 설립했다. 그는 앞서 프랑스 대통령과 총리 고문을 2년 반 역임했다. 그는 글로벌 투자자들에게 프랑스를 홍보하는 두 가지 큰 행사인 '선을 위한 기술 Tech for Good'과 '프랑스를 선택하세요Choose France' 회의를 만들었다.

"코로나19 사태로 자가격리 기간 동안 알게 된 사실은 '디지털'이 우리 사회와 경제의 근간이 됐다는 겁니다. 이제 정부가 해야 할 일은 이 '디지털 격차'를 줄이는 일입니다." 세드리크 오 프랑스 디지털경제부 장관은 에마뉘엘 마크롱 프랑스 대통령 최측근으로 꼽힌다. 그가 지난해 3월부터 이끌고 있는 디지털경제부는 IT와 인공지능, 스타트업 등을 총괄하는 곳이다. 프랑스의 코로나19 추적 애플리케이션인 '스톱코비드Stopcovid'를 개발하고 의회를 설득한 것도 그다.

오 장관은 팬데믹을 겪으면서 디지털이 일상생활 곳곳을 파고들었다고 분석했다. 그는 "디지털은 우리 사회, 경제가 돌아가는 근간, 사람들이 일상적인 관계를 맺는 도구, 일을 하는 도구가 됐다"고 말했다. 문제는 급격한 디지털화에 적응하지 못하는 사람들이 많다는 점이다. 여기서 정부의 역할이 필요하다. 오 장관은 "프랑스 사람들의 3분의 1 이상이 디지털 세상에서 독립적으로 생활할 만한 지식이 부족해 사회적 격차가 디지털 격차로 더 벌어지고 있다"며 "투자 등으로 사람들이 디지털 세상 속에서 살아가는 방법을 가르쳐야 한다"고 강조했다.

디지털 격차를 그대로 두면 사회 불만으로 이어질 수밖에 없다는 게 그의 판단이다. 오 장관은 "자가격리를 하는 동안 디지털 세상에서 사는 사람들은 아주 편안했겠지만, 그렇지 않은 사람들은 아주 불편함을 느꼈다"며 "모든 국가들이 비슷한 문제를 안고 있고, 정부가 해결해야 할 문제"라고 말했다. 이어 "일부 사람들을 디지털 혁명에서 내버려두고 나머지 사람들만 전진하는 게 아니라 모두 같이 가야 한다"고 강조했다.

오 장관은 팬데믹에서 촉발된 디지털화가 곳곳에서 시작했다고 봤다. 그는 "디지털화로 스타트업이 참여할 수 있는 틈이 많아졌고 이커머스 플랫폼들이 많이 생겼다"며 "디지털화에 앞장서지 않았던 중소형 기업들도 이제 변화할 때가 됐다는 인식을 갖기 시작했다"고 말했다.

프랑스는 최근 디지털 생태계를 만들기 위해 70억 유로(약 9조 7,524억 원)를 투자하기로 했다. 투자는 크게 사이버안보·인공지능 등 기술 생태계, 디지털 인프라, 정부의 디지털화 등 세 가지로 이뤄진다. 오 장관은 "이번 투자로 프랑스는 세계 최고 기술을 확보하려고 한다"며 "국가기관 등 전체 사회가 함께 디지털로 전환하길 기대한다"고 했다.

오 장관은 프랑스 코로나19 추적 애플리케이션 스톱코비드에 대해 "사회 문제를 극복하는 데 기술이 활용된 예"라고 평가했다. 다만 프랑스의 경우 시민 무관심과 기술적 한계 등으로 코로나19 추적 애플리케이션이 제대로 안착하지 못했다. 오 장관은 "기술이 어떻게 적용·활용되는지에 다양한 걱정이 있다"며 "시민들에게 기술의 가능성을 믿도록 적극적으로 알릴 필요가 있다"고 말했다.

┃ 숨은 데이터를 모으고 연결하라

요시카와 히로 ARM 트레저데이터 공동창업자 겸 사장

엔터프라이즈 고객 데이터 플랫폼 솔루션 분야의 글로벌 리더 기업인 트레저데이터의 공동 창업자다. 트레저데이터는 2018년 영국 반도체 설계 기업인 ARM이 인수했다. 트레저데이터 창업 전의 그는 미쓰이벤처스에서 여러 주요 소프트웨어 투자를 이끌었다.

코로나19가 휩쓸고 간 세상엔 뉴노멀이 찾아올 거라고 사람들은 기대한다. 뉴노멀은 과거를 반성하고 새로운 질서를 고민하는 시점에 등장한다. 2008년 글로벌 금융위기가 그러했고, 코로나19도 새로운 기준을 정의할 시점이다. 기업도 뉴노멀에서 자유롭지 못하다. 모든 회사가 달라진 고객에 맞춰 새로운 비즈니스를 고민하고, 고객 접점을 찾아야 한다.

요시카와 히로 ARM 트레저데이터 공동창업자 겸 사장은 뉴노멀 시대 기업이 '데이터'에 집중해야 한다고 강조했다. ARM 트레저데이터는 기업 데이터 플랫폼 솔루션 기업이다. 흩어져있는 빅데이터를 종합해 쓸 만한 데이터로 바꾸는 게 역할이다. 기업들은 데이터들의 혼합에서 의미 있는 통찰력을 이끌어낸다. 영국 반도체 설계 기업인 ARM이 지난 2018년 트레저데이터를 인수했다. 현재 전 세계적으로 500여 개 글로벌 고객사가 있다.

요시카와는 트레저데이터 창업자로, 오픈소스 소프트웨어 비즈니스 전문가다. 창업 전엔 미쓰이벤처스에서 주요 소프트웨어 투자를 이끈 인물이다.

요시카와는 자신의 경험에 비춰 기존 생활로 돌아가지 못한다

고 말했다. 그는 "아이들은 줌으로 학교 수업을 받았고, 나도 8개월 동안 출근을 하지 않았다"며 "사람들이 정상적인 상황으로 돌아갈 건지 물어보지만, 다시 과거로 돌아가지 못할 거라고 생각한다"고 말했다.

뉴노멀에 적응하려면 기업들도 변해야 한다. 요시카와는 "많은 기업들이 이번 위기를 어떻게 극복할지 아직 방법을 찾지 못하고 있다"며 "회복 탄력싱을 키우고, 비즈니스 운영과 의사결정 과정을 분산하는 게 핵심"이라고 말했다. 기업 가치와 목표를 직원들과 공유하는 일도 중요해졌다.

특히 '디지털 전환'은 기업 생사를 결정할 갈림길이다. 요시카와는 "성공적으로 디지털 전환을 한 기업들이 시장에서 성공한다"며 "구글, 넷플릭스 등 실리콘밸리 기업뿐만 아니라 전통 기업들도 여기서 아주 분명하게 차이가 난다"고 말했다.

디지털 전환은 '데이터'의 역할을 이해하는 데서 시작된다. 요시카와는 "데이터가 모든 개인에게 도움이 될 수 있다고 믿고 데이터를 활용해야 한다"고 강조했다. 넷플릭스는 데이터를 효과적으로 활용한 대표 기업이다. 넷플릭스에 들어가면 내 취향에 맞는 영화, 드라마가 뜬다. 데이터를 분석해 고객에게 맞춤 추천해준 결과다. 요시카와는 "빅데이터를 이야기하면 나와 상관이 없다고 이야기하는 사람들이 있는데 누구나 자기만의 데이터를 갖고 있다"고 말했다.

데이터를 충분히 쌓았다면 다음으로 중요한 건 '데이터 연결'이다. 기업 내부에 존재하는 '데이터 사일로(조직 간 벽이 높아 소통이 안

되는 현상'를 없애는 게 연결의 시작이다. 요시카와는 "기업 안엔 재무, 상품, 생산, 마케팅 데이터 등 다양한 데이터가 있는데 디지털에 익숙하지 않은 기업들은 데이터 사일로가 존재한다"며 "이걸 무너트리는 게 가장 중요하다"고 말했다.

ARM 트레저데이터는 이 데이터 사일로를 없애는 역할을 한다. 일본 자동차 제조사 스바루 역시 트레저데이터 도움을 받았다. 스바루는 굉장히 많은 협력업체와 자회사가 존재한다. 이 과정에서 데이터 사일로가 생겼다. 자동차 제조사가 차를 만들고, 딜러들이 고객에게 자동차를 판매하는 과정에서 많은 데이터가 사라졌던 것이다. 스바루는 전화로 차 구입을 문의했던 고객이 차를 샀는지를 파악할 방법이 없었다. 요시카와는 "스바루는 자동차를 구매할 가능성이 높은 고객 데이터를 보유하고 있었지만 칸막이 문제를 극복하지 못했다"며 "트레저데이터가 머신러닝 기술로 데이터를 분석해 구매 가능성 높은 고객을 알려줘 스바루가 자동차 판매수를 늘릴 것으로 예상한다"고 말했다.

▎AI의 미래: 데이터를 정확히 예측할 양자컴퓨터

김정상 듀크대 교수, 아이온Q 공동창업자 겸 CTO

듀크대 교수이자 아이온Q 공동창업자 겸 최고기술책임자CTO로, 기초과학과 이를 응용한 기술 상용화에 연구의 초점을 맞추고 있다. 원자에 기반한 양자 기술을 선도해 실용적인 양자컴퓨터를 구현하는 데 매진하고 있다.

"미래에는 많은 데이터를 수집하고 분석한 뒤 정확한 예측을 하는 일이 가장 중요합니다. 양자컴퓨터는 예측의 정확도를 높이는 데 핵심적인 역할을 할 것입니다."

김정상 듀크대 교수 겸 '아이온Q' 최고기술책임자는 "양자컴퓨터는 '마블' 캐릭터와 같이 오늘날 우리가 해결하지 못하는 일들을 해결할 수 있는 '슈퍼파워'를 갖고 있다"며 "향후 10~20년 뒤에는 다양한 분야에서 양자컴퓨팅 기술이 활용될 것"이라고 말했다.

양자컴퓨터는 양자물리학을 바탕으로 기존에 풀 수 없는 연산을 가능케 하는 새로운 형태의 컴퓨터다. 다른 말로는 '퀀텀 컴퓨터 Quantum Computer'라 불린다. 기존 컴퓨터의 경우 0과 1의 상태를 하나씩만 표시하지만, 양자컴퓨터의 연산단위인 큐빗은 양자비트 하나에 0과 1의 상태를 동시에 표시할 수 있다. 기존 슈퍼컴퓨터로 풀 수 없는 원자나 분자 단위의 복잡한 물리현상을 풀어낼 수 있다는 의미다. 양자 알고리즘인 양자시뮬레이터를 활용하면 경제·사회적으로 파급효과가 높은 문제도 해결할 수 있다. 미국은 IBM과 구글 등 민간 기업을 중심으로 이 기술을 고도화하고 있다.

이와 관련해 김 교수는 "양자컴퓨터의 20큐빗을 기존 컴퓨터로 구현하려면 스마트폰으로도 가능한 8메가바이트 정도의 용량이 필요하지만, 50큐빗일 경우에는 9페타바이트 정도가 필요하다"며 "이는 세계에서 가장 강력한 컴퓨터만이 처리할 수 있는 규모"라고 설명했다. 그만큼 양자컴퓨터가 기존 연산 능력의 제약을 뛰어넘을 수 있다는 것이다.

최근 들어 인공지능과 머신러닝 기술은 다양한 분야에서 사용되고 있다. 예컨대, 쇼핑 트렌드를 파악하고 여행 관련 패턴을 분석하거나 버스·지하철 등 대중교통 이동 경로를 수집하는 일 등에 사용된다. 음악 애플리케이션에 나오는 추천 기능도 대표적인 사례다. 이 경우 인공지능과 머신러닝 기술을 활용해 특정 나이대 이용자들이 어떠한 음악을 많이 듣는지 데이터를 수집해 분석한다. 그후 모델화 과정을 거쳐 이용자의 선호를 예측해 음악을 추천하는 것이다.

김 교수는 이러한 예측의 정확성을 높이기 위해서는 양자컴퓨팅 기술이 필요하다고 강조했다. 그는 "누군가에게 음악을 추천했는데 마음에 들지 않을 수 있듯 상황에 따라서는 예측의 정확성이 그다지 중요치 않을 때가 있지만, 의료·의학과 같은 분야에서는 높은 정확성이 요구돼야 한다"고 말했다. 이어 "다양한 환자의 데이터를 토대로 분석과 모델링 과정을 거치는데 중간 과정이 부정확하다면 잘못된 진단을 내릴 수밖에 없다"고 덧붙였다. 그러면서 "양자컴퓨팅을 활용하면 보다 정확한 예측이 가능하도록 모델링을 구축할수 있다"고 했다.

특히 양자컴퓨터를 통해 정확한 정보가 제공되면 여러 산업에 있던 난제들을 극복할 수 있다고 주장했다. 그는 "신약 개발과 같은 고비용 과정도 양자컴퓨팅이 화학적 작용을 예측해 도움을 줄 수 있다"며 "고효율의 배터리를 만들고 항공망을 정비하는 과정 등에 양자컴퓨터가 중요하게 쓰일 것"이라고 설명했다. 이밖에 운송업에서는 시간과 비용을 줄인 최적의 경로를 찾는 데, 금융업에서는 최적의 투자 포트폴리오를 구축하는 데 사용될 것으로 예상했다.

김 교수가 2016년 공동 설립한 아이온Q는 이온트랩 방식 양자 컴퓨팅 기술이 가장 뛰어난 기업 중 하나로 평가받고 있다. 이온트 랩은 다양한 양자컴퓨터 구현 방식 중 하나로 물질의 원자를 전기 적 성질을 가진 이온으로 만든 뒤 빛과 자기장으로 조절하는 방식 을 가리킨다. 최근에는 아마존웹서비스를 통해 양자컴퓨팅 클라우 드 서비스를 상용화했고, 이보다 앞서 2019년에는 마이크로소프트 클라우드 서비스 '애저'에도 양자컴퓨팅 기술을 제공했다.

| 6G, 포스트 코로나 시대의 핵심 기술

나카무라 다케히로 NTT도코모 집행임원 겸 6G이노베이션추진실장
1990년 NTT 연구소에 입사해 현재 NTT도코모의 집행임원이자 6G이노베이션추진실 실 장으로 재직 중이다. 현재 ITS 인포커뮤니케이션포럼 셀룰러시스템 부서를 이끌고 있다.

"6G(6세대 이동통신)에 대한 논의가 이르다고 생각할 수 있지 만 기술과 서비스가 발전해 온 속도를 고려한다면 결코 빠르지 않 다."(이종식 KT 인프라연구소장), "10년 주기로 일어나는 세대 변화가 몇 년 당겨져 2028년에는 6G 서비스 상용화가 시작될 것으로 보인 다."(나카무라 다케히로)

5G는 미국과 중국 간 기술전쟁의 첫 전선이 되고 있다. 빅데이 터와 인공지능 등의 분야에서 데이터는 폭발적 기술 진화를 불러올 4차 산업혁명 시대의 원유라 불린다. 5G는 이 데이터의 흐름을 결 정짓는 핵심 통신이다. 5G 상용화는 아직 시작 단계지만, 주요국과

통신관련 업계의 시선은 포스트 5G를 향하고 있다.

6G는 5G의 50배에 달하는 초당 1테라비트(1,000기가비트)의 데이터 전송이 가능해진다. 현재는 실험실에서나 가능한 기술이 일상생활에서도 구현될 수 있는 시대가 열리는 것이다. 6G 주도권을 잡기 위해 미국과 중국, 유럽연합에서는 이미 국가 과제로 6G를 내걸었다. 한국 정부가 올해 1조원 투자 계획을 내놨고, 일본 정부도 포스트 5G 기술 개발을 위해 670억 엔에 이르는 공격적 투자에 나설 계획이다.

세션 발표자로 나선 이종식 소장은 "많은 방역·경제·정치 전문가들이 코로나19 이전으로 완전히 돌아가기는 힘들다고 지적하며, 인류가 코로나 이후의 시대를 준비해야 한다고 강조하고 있다"며 "5G가 코로나 시대 뉴노멀을 지탱했던 것처럼 6G는 포스트 코로나 시대의 불확실성 속에서 산업계의 디지털 트랜스포메이션을 견인하기 위한 핵심 기술"이라고 설명했다.

그는 이어 "KT는 2019년 서울대 뉴미디어통신공동연구소와 컨소시엄을 구성해 6G 원천기술 개발과 표준화 기술 공동 연구에 착수했다"며 "6G 선제 대응을 통해 글로벌 6G 표준 기술을 주도하고 5G와 같이 세계 최초 6G 상용화를 실현해 국내 통신 발전에 기여하겠다는 방침"이라고 덧붙였다. 나카무라 실장은 "현재 서비스 중인 5G 서비스 고도화를 위해 많은 진전을 이뤄내고 있는 한편 앞으로 다가올 6G 상용화를 위해 연구개발을 시작했다"며 "6G 서비스가 상용화되면 SF 영화처럼 인체 능력을 확장시킬 수 있는 서비스가 가능해지는 등 모든 정보가 사이버 공간에 신속하게 전달 처리

돼 사람들에게 풍요로운 삶을 제공할 수 있을 것으로 기대한다"고 설명했다.

5G 패권을 두고 미·중간의 갈등이 심화되는 가운데 6G 시장이 열린다면, 양국의 갈등은 한국과 일본의 6G 기술 개발과 서비스에 어떤 영향을 끼칠까. 나카무라 실장은 "적잖이 영향이 있을 것으로 본다"면서 "갈등과 관련된 문제가 발생하지 않고 이들 국가와 기술 교류가 이뤄질 수 있기를 기대한다"고 말했다. 이 소장은 "양국의 갈등이 6G 표준화 등에 영향을 미치지 않는다고 이야기하기 어렵다"며 "한국과 일본이 지정학적 위치를 감안해 양국 간의 가교 역할을 할 수 있어야 한다고 본다"고 설명했다.

3

초연결 기술:
이동형 서비스 로봇, 3D 프린트

▌주목받는 이동형 서비스 로봇

차오 샤오후이 푸싱 자동차 및 로봇 그룹 사장

항공우주공학 박사는 현재 중국 푸싱그룹의 전무이자 푸싱 자동화 및 로봇 그룹과 푸싱 에너지산업 유틸리티 그룹 사장으로서 국내 투자와 교차 M&A를 담당하고 있다. 2010~2015년까지 그는 '메이드인차이나 2025' 편집국장으로 중국항공우주과학기술공사의 연구개발센터에서 근무하기도 했다.

클라우스 리사게르 블루오션로보틱스 공동창업자 겸 CEO

컴퓨터과학 학사, 응용수학 석사, 로보틱스와 인공지능 박사학위를 보유하고 있다. 1988년부터 30년 동안 로보틱스 연구·개발·혁신에 대한 전문성을 쌓았으며, 유럽 최대 규모의 로보틱스 혁신 기업을 설립해 80명 이상의 전문가들과 근무하고 있다.

'포스트 코로나' 시대가 본격화되면 이동형 서비스 로봇에 대한 수요가 급증할 것이라는 관측이 제기됐다. 클라우스 리사게르 블루오션로보틱스 CEO는 "특정 분야에서는 이동형 서비스 로봇에 대한 수요가 상당하다"며 "자체 분석 결과, 이동형 서비스 로봇이 필요한 분야는 100개 정도이고 이 중 4분의 1가량은 사업성이 있다고 판단했다"고 말했다. 이어 "서비스 로봇의 경우 연간 25% 이상의 성장세를 보일 것"이라며 "코로나19 팬데믹 이후 헬스케어 등의 영역에서 더 많은 기회가 있을 것이라고 본다"고 덧붙였다.

이날 공동 연사로 참여한 차오 샤오후이도 "로봇 수요는 앞으로 더 늘어날 것"이라며 "음식점로봇이나 채굴로봇, 엔터로봇 등의 분야가 각광받을 것으로 예상된다"고 전망했다. 그러면서 "지금처럼 코로나19와 같은 질병이 퍼졌을 때, 사람을 대신해 로봇이 다양하게 쓰일 수 있다"고 강조했다. 다만, 로봇 수요가 본격적으로 증가하려면 다소 시간이 걸린다고 봤다. 작년, 혹은 올해부터 경영 환경이 악화된 기업들이 적지 않기 때문이다. 실제 최근 코로나19 사태로 무역이나 수주가 원활하지 않은 기업도 상당수다. 즉, 시간이 지나 이러한 기업들이 유동성을 확보하고 투자에 나서면 로봇 수요가 급격히 늘어날 것이라는 분석이다.

특히 두 사람은 실생활에 필요한 로봇 기술을 개발하는 게 무엇보다 중요하다고 강조했다. 리사게르는 "모두가 기피하는 '3D' 업무를 로봇이 대신한다든지 하는 실질적인 용도가 있어야 한다"며 "최근 개발되는 수많은 로봇 중 상당수는 실용과 무관하게 기술 과시용으로 개발됐다"고 말했다. 이어 "2분만 배우면 누구나 쓸 수 있을 정도로 조작이 쉬워야 한다"며 "이 두 가지만 갖추면 성공적인 로봇이 될 수 있다"고 했다.

또 두 사람은 로봇산업 발전이 일자리를 빼앗아간다는 일부 지적에 대해 "그렇지 않다"고 주장했다. 리사게르는 "로봇산업 발전으로 안 좋은 영향을 받는 분야는 있을 것이고 일정 기간 일자리를 잃는 사람들도 생기겠지만, 로봇산업의 발전은 생산성 증가를 야기해 더 많은 일자리를 창출할 것"이라고 말했다. 특히 "사람들은 작은 일에도 로봇을 활용하고, 하다못해 나사를 조이는 드라이버도 자동화를 한다"며 "이러한 현상이 반복되고 확장되면 결국 일자리는 늘어난다"고 했다. 또 "더 중요한 문제는 로봇을 취급할 수 있는 능력을 지닌 사람이 필요하다는 점"이라며 "사람들을 교육해서 신기술을 이용할 수 있도록 하면 이 과정에서 양질의 일자리를 더 얻을 수 있다"고 했다.

이와 관련해 차오는 "산업용 로봇의 등장으로 일자리가 줄어든 것은 사실이지만, 로봇으로 대체된 일자리는 지루한 반복 업무에 해당하는 경우가 많아 양질의 일자리라고 볼 수 없다"며 "로봇에 일자리를 내준 사람들은 다른 유사한 일자리를 어렵지 않게 찾을 것"이라고 설명했다.

▌끊어진 글로벌 공급망 이어주는 3D프린팅

아브히나브 싱할 티센크루프 아시아·태평양 최고전략담당자
회사의 디지털화 계획을 주도했다. 그는 티센그루프 이노베이션의 창립이사회 멤버이며 적층제조사업을 포함해 아시아 태평양 산업 부문에 신디지털 기술을 도입했다.

호콘 엘렉예르 윌헬슨그룹 오픈이노베이션 총괄
해운 전문가이자 전 경영컨설팅 전문가다. 엘렉예르와 기술 파트너들은 디지털 품질보증 플랫폼과 예비부품의 주문형 플랫폼을 제공하고 있으며, 이로써 전통적인 공급망을 제거하고 부품 생산과 관련된 비용과 시간을 절감하고 있다.

'3D프린팅'이 기업 '공급망Supply Chain'의 효율성을 크게 끌어올릴 수 있다는 분석이 나왔다. 코로나19 팬데믹 등으로 부품 조달이 지연되거나 어려울 경우 3D프린팅 기술을 활용하면 낮은 비용으로 손쉽게 해결할 수 있다는 것이다.

아브히나브 싱할 티센크루프 아시아태평양 최고전략담당자는 "이번 코로나19를 계기로 3D프린팅 시장은 빠르게 커질 것"이라며 "코로나19 사태로 흔들린 공급망을 어떻게 회복할 것인가가 기업들의 주된 관심사가 됐기 때문"이라고 말했다. 특히 3D프린팅의 장점에 대해 "기업들의 생산 지연을 막을 수 있고, 부품 공급 조달 시간을 줄일 수 있다"고 설명했다. 기계 노후화로 더 이상 부품을 생산하지 않아도 3D 프린팅을 활용하면 손쉽게 조달이 가능하다. 소량의 부품이 필요할 때도 대량으로 주문하거나 비싼 값을 지불하고 구매할 필요가 없다. 그만큼 시간과 비용 측면에서 효율적이라는 의미다.

또 그는 "과거 세계화가 고점을 찍을 당시 기업들은 인건비가 싼 국가나 신흥국을 통해 하드웨어를 확보했다"며 "비용의 효율화가 이뤄지면서 수급 간 효율성을 높이는 데 집중하기 시작했다"고 말했다. 이어 "코로나19 사태로 인해 이러한 추세는 가팔라질 것"이라며 "이번처럼 수급이 크게 흔들릴 때 3D프린팅을 활용하면 유연하게 대처할 수 있기 때문"이라고 덧붙였다. 또 "3D프린팅은 항공업과 자동차 뿐 아니라 선박업 등으로 영역을 넓혀가고 있다"며 "최근에는 의료 시장에서도 사용돼 각종 재료가 개발되고 있다"고 했다. 추후에는 전통적인 시멘트나 광물 등의 산업에서도 사용될 것이라고 전망했다.

공동 발표자로 참석한 호콘 엘렉예르 윌헴슨그룹 오픈이노베이션 총괄은 "3D프린팅은 회복탄력성을 갖춘 공급망을 제공해줄 것"이라고 말했다. 그는 "보통 공급망과 관련된 고충은 노후화된 부품이나 신규 부품을 조달하는 과정이 지연되는 경우"라며 "어렵게 부품을 주문하더라도 비용 손실이나 규제 문제가 발생할 수 있다"고 강조했다.

PART 5

라이프스타일 체인지

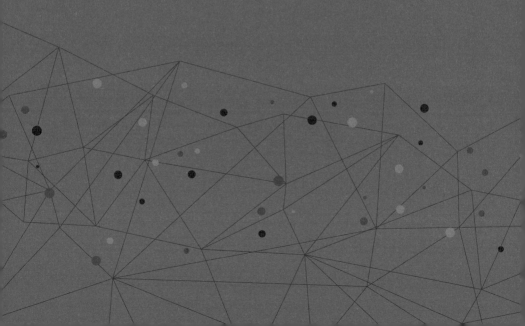

> "
>
> 인공지능의 발전에 큰 전환점이 되었던
> 이세돌과 알파고의 대결까지 가는 데
> 50년이 걸렸습니다.
> 지금이 인공지능의 첫 단계입니다.
>
> "

존 헤네시 John Hennessy

구글 모회사인 알파벳의 회장이자 스탠퍼드 공과대학의 컴퓨터공학 및 전기공학 교수이며 '나이트-헤네시' 재단의 대표를 맡고 있다. 대학원 레벨의 나이트-헤네시 장학 프로그램은 전액 기부로 운영되고 있으며 세계 최대 규모를 자랑한다.

코로나19 · 기후변화 난제
AI로 해결한다

존 헤네시 알파벳 회장 **|** **차상균** 서울대 데이터사이언스대학원장

Topic 1 **|** 반도체와 **IT** 업계 전망

차상균 반도체 업계에서 굉장히 급격한 변화가 일어나고 있습니다. 최근 팹리스Fabless(반도체 제조 공정 중 설계와 개발을 전문화한 회사) 회사인 엔비디아가 영국의 반도체 회사인 ARM사를 인수했습니다. 현재 인텔보다도 많은 시가 총액을 보유한 엔비디아는 삼성전자에 맞먹는 혁신 제품을 가지고 있기도 합니다. 향후 IT 업계는 어떤 방향으로 변화할 것으로 보시는지요, 또 한국의 반도체 업계는 어떤 변화에 유의해야 할까요.

헤네시 한국의 반도체 산업은 훌륭합니다. 계속 발전할 것입니다. 그런데 먼저, 전반적인 사이클을 한번 보도록 하겠습니다. 컴퓨

팅 산업은 1980년대부터 시작했는데 당시에는 수직적인 통합이 있었습니다. IBM이 모든 것을 다 했었습니다. 프로세서, 하드 디스크를 다 만들었습니다. 그러면서 개인용 컴퓨터PC 시대가 왔습니다. 이와 함께 조금 더 수평적인 조직 개선이 이루어졌습니다.

이후 마이크로소프트가 운영체제OS를 만들었고 다른 기업들이 애플리케이션을 만들었습니다. 곧이어 인터넷도 도래하였습니다. 현재의 방향성을 보자면, 앞으로 수직적인 통합을 이루는 시도가 있어야 한다고 생각합니다. 이미 많은 기업은 재통합되고 있는 것 같습니다. 예를 들어 구글이 기계 학습 칩을 만들고 있는데요. 충분한 경험과 지식이 축적되었기 때문입니다. 위탁생산 서비스를 제공하는 회사들이 등장했습니다. 처음에 시작했을 때는 위탁생산 회사가 없었습니다. 팹리스 회사도 없었죠. 그런데 지금은 엔비디아와 같은 팹리스 회사들이 전 세계를 리드하고 있습니다. 이렇게 엄청난 변화가 진행되고 있습니다. 산업이 세분화하면서 이제는 조금 더 창의성을 발휘할 수 있게 되었다는 점이 장점이라고 생각합니다.

차상균 그렇다면 전통적인 접근 방식을 가지고 있는 인텔과 같은 기업들은 어떻게 해야 할까요?

헤네시 인텔은 늘 앞서갔고 여기에 대해서 자부심이 있었죠. 또 일본이나 한국의 기업들이 약진했음에도 불구하고 인텔은 확고한 위치를 차지하고 있었습니다. 인텔은 산업의 변화 사이클을 경험했음에도 성장할 수 있었습니다. 그런데 이제는 경쟁력이 떨어지고 있습니다. 인텔은 역사상 처음으로 기본적인 기술에서 뒤처지기 시작한 것으로 보입니다.

인텔의 약점은 강력한 소프트웨어 기반 및 생태계를 내부적으로 갖고 있지 않다는 점입니다. 칩 디자이너들이 어떤 칩을 개발했는지에 집중했던 문화가 남아 있습니다. 이제는 인텔이 재조정을 하고 변화해야 합니다. 마이크로소프트 같은 경우에는 새로운 리더 CEO의 리더십에 변화하기 시작했습니다. 이런 것을 교훈으로 볼 수 있습니다.

차상균 말씀해 주신 대로 마이크로소프트가 급부상하고 있습니다. PC에서 이제 벗어나야 한다는 의견도 있습니다.

헤네시 PC의 시대가 끝났기 때문에 클라우드로 가야 합니다. 많은 기업이 그렇게 변하려고 하고 있습니다. 넷플릭스가 스트리밍 회사로 변모한 것도 비슷한 흐름입니다. 그렇게 하려면 용기가 필요합니다. 방향 전환을 하는 것이 쉽진 않습니다. 때로는 거대한 기업이 천천히 움직이다가 큰 점프를 하는 것이 더 위협적인 변화를 끌어낼 수도 있습니다.

차상균   오늘날은 디지털 트랜스포메이션(클라우드를 활용해 프로세스를 자동화하는 것)이 기본적으로 모든 것에 깔려 있게 되었습니다. 그렇다면 이러한 기술들을 어떻게 활용함으로써 코로나19에 대응하고 기후위기에 대응할 수 있을까요?

헤네시   새로운 기술의 장점은 바로 매우 복잡한 데이터를 분석할 수 있고 또 그 데이터 간의 관계를 찾아낼 수 있다는 것입니다. 예를 들어 팬데믹 상황에서 신약 개발에 신기술을 활용할 수 있습니다. 머신러닝(기계학습)을 이용해서 복잡한 패턴과 단백질의 구조를 이해하고 분석할 수도 있습니다. 이러한 과정을 통해서 조금 더 신속히 신약 개발을 할 수 있겠죠. 다양한 신약들이 있고 또 개발된 약들이 있는데 이것 중에서 코로나19에 대응할 수 있는 약이 있을 수 있습니다. 조금 더 지능적인 방식으로 스마트하게 기존의 약들을 분석함으로써 신종 바이러스에 대응할 수 있을 것입니다.

기후변화와 관련해서 말씀드리자면 우리는 신기술을 활용한 강력한 혁신 기술을 에너지 분야에서 활용할 수 있습니다. 이를 통해 조금 더 친환경적이고 지구에 도움이 되는 에너지를 찾을 수도 있고 또한 지구의 환경을 모델링 할 수도 있습니다. 기후 모델링은 굉장히 어렵고 복잡합니다. 아주 수학적인 방법으로 모델링하는 것 자체가 굉장히 어렵습니다. 카오스 이론 때문이기도 하죠. 그렇다면 인공지능 기술과 기법을 활용함으로써 장기적으로 지구의 기후가 어떻게 변화할 것인지 예측하고 분석할 수 있을 것입니다.

차상균 조금 전에 말씀해 주신 신약 개발과 관련된 내용을 연결해서 질문을 드려보겠습니다. 현재 코로나19 관련 치료제와 백신 개발이 진행 중인데, 어떻게 보십니까?

헤네시 제가 생각하기에는 이제 막 개발 과정이 진행되고 있다고 생각합니다. 신약을 만드는 것은 시간이 너무 오래 걸립니다. 그리고 실제 환자에 투약하기까지 그 과정에서 많은 실패를 경험하게 됩니다. 1상에서 실패하거나 2상, 3상에서 실패하는 경우도 있고요. 전체 과정은 8년에서 10년까지 걸립니다. 과연 속도를 빠르게 해서 신약 출시의 가능성을 높이고, 신약 출시의 가격을 낮출 수 있을까요? 처음부터 리스크도 낮추고 비용도 낮출 수 있다면, 기업의 입장에서는 신약 개발에 많은 비용을 쓸 필요가 없게 되어서 전체적으로 유통 가격도 내려갈 수 있게 됩니다. 이러한 부분을 위한 기술 개발이 분명히 필요하다고 생각합니다.

차상균 구글 딥 마인드는 말씀하신 주제와 관련된 연구를 하고 있고 제약사 중에 이러한 변화를 채택하는 경우도 있다고 알고 있습니다. 그런데 인공지능 분야의 최고 인재를 제약 분야로 끌어들이는 것이 쉽지 않을 것이라고 생각합니다. 궁극적으로 이 게임의 승자는 누가 될 것이라고 생각하십니까?

헤네시 제가 생각하기에는 현재 인공지능과 머신러닝, 딥 러닝에 대한 관심이 폭발하고 있다고 생각합니다. 아직까지는 이러한 수요를 충족시키기 위한 충분한 인재가 없습니다. 제약 분야뿐만 아니라 금융 등 폭발적으로 늘어나고 있는 분야 모두 충족할 만큼 관련 인재가 충분하지 않습니다. 현재 데이터 과학Data Science(다양한 데이터로부터 지식과 인사이트를 추출하는데 과학적 방법론, 프로세스, 알고리즘, 시스템을 동원하는 융합분야)과 관련한 연구는 더욱 중요해졌고, 인재의 필요성이 커졌습니다.

이 인재 중 일부가 다른 분야로 갈 수 있죠. 그렇지만 핵심 기술 분야에도 인재를 확보해서 기술을 계속 발전시켜야 합니다. 인공지능은 기본적인 기술 발전이 끝난 상황이 아닙니다. 오히려 지금이 인공지능의 첫 단계입니다. 큰 전환점이 되었던 이세돌과 알파고의 대결까지 가는 데 50년이 걸렸습니다. 그럼에도 불구하고 아직은 초기 단계라고 볼 수 있겠습니다.

Topic 3 | 미·중 갈등과 파편화되는 세계

차상균 미국 같은 경우에는 인공지능 분야에서 타의 추종을 불허하는 1위라고 생각하고요. 중국이 이를 따라잡고 있는 상황입니다. 인터넷은 전 세계를 평평하게 만들어준다고 했는데 이제는 그와 반대로 미·중 갈등까지 추가돼서 전 세계가 파편화되고 있습니다. 실리콘밸리의 혁신적인 제도와 교육이 이와 어떻게 연결될 수 있을까요?

헤네시 말씀하신 것처럼 잠재적으로 우리가 이미 보고 있는 세상이 갈라지고 있다고 볼 수 있겠습니다. 과연 미래를 위한 전략이 있느냐는 측면을 생각해 보면 지금 현재는 비즈니스 분야도 그렇고 다른 분야에서도 이해 상충이 이루어지고 있습니다. 상업 분야 같은 경우에는 경쟁을 해서 인재를 확보할 수 있는 상황입니다. 그렇지만 국가 안보까지도 연결이 되면 이 문제는 완전히 새로운 측면이 생겨나게 됩니다. 정부가 개입해 '이것은 할 수 있다, 없다'는 이야기를 하는 상황에 직면하게 되는 것이죠.

제가 생각하기에는 국가 안보를 위협하는 이 같은 우려가 기우라고 치부할 수 없는 상황이라 생각합니다. 왜냐하면 하드웨어에 뭔가를 심어서 부정한 방법으로 정보를 유출시키고 이를 발견하지 못하는 상황이 충분히 발생할 수 있기 때문입니다. 이러한 현실에서는 다자간 협력을 통해 이를 방지하는 협정을 맺거나, 시장을 파편화시킬 수밖에 없는 상황이 되었습니다. 물론 전 세계는 두 개의 시장으로 갈라질 수 있습니다. 중국 시장이 만들어진다면 북한도 거기에 참여할 수 있겠죠. 그리고 이 외의 나머지가 하나의 시장이 될 수 있습니다. 각각의 시장이 크기 때문에 자체적으로 운영될 수도 있다고 생각합니다. 그렇게 되면 물론 기술 발전 속도는 조금 느려질 것입니다. 이 같은 시나리오가 불가능한 상황만은 아니라고 생각합니다.

차상균 다시 헤네시 박사님의 커리어에 대해서 질문드립니다. 헤네시 박사님께서 스탠퍼드대학교에서 총장으로 행정 일을 맡기로 결정한 계기가 무엇일까요? 그 이전에는 기업가 정신을 발휘하고 계셨는데요.

헤네시 저는 스타트업을 하면서 많은 것을 배웠습니다. 스타트업의 경우 많은 것을 짧은 시간에 배울 수 있습니다. 스타트업에서 다시 돌아왔을 때 행정 업무를 담당하지 않았고 연구를 먼저 진행했습니다. 그러다가 컴퓨터 과학 위원회의 위원장을 맡게 되었고요. 위원회에서 많은 유익을 얻었던 사람이 환원하는 의미에서 참여했던 자리였죠. 그러다가 공대 학장을 맡게 되었는데 학장이 될 수 있을까 생각해 봤을 때 "새로운 사람을 영입하고 성공하도록 돕는 것이 내가 즐길 수 있는 것"이라고 생각해서 공대 학장을 맡게 되었습니다. 개인적으로는 너무나 좋은 경험이었습니다. 제 아내도 그 당시 제가 굉장히 즐거워했다고 하더라고요.

차상균 다음 해 스탠퍼드 대학교 총장이 되셨는데 어떤 어려움이 있었는지 궁금합니다. 그 어려움을 어떻게 해결하셨는지요?

헤네시 총장직을 맡고나서 첫 번째로 저희가 직면한 문제는 대학을 위한 혁신이었습니다. 특히 학부 혁신을 하는 과정에서 큰 어려움을 마주하게 되었습니다. 학생들이 처음 스탠퍼드 대학에 입학하면 한 2년 정도는 굉장히 대규모의 강의를 듣게 됩니다. 저희는 학부 강의의 구조를 개편해서 좀 더 작은 수업이 이뤄질 수 있도록 했습니다. 또한 학부 학생들을 위한 더 많은 기회를 제공하기 위해 노력했습니다. 특히 연구에 참여할 수 있는 기회를 주고자 했습니다. 스탠퍼드는 연구 중심의 대학이기 때문입니다. 이런 노력을 몇 년 동안 진행했습니다.

그 다음에는 앞으로 스탠퍼드가 어떤 방향으로 가야 하는가에 대해 고민하기 시작했습니다. 그 결과 융합적인 노력이 필요하다는 것을 깨달았습니다. 굉장히 복잡한 난제를 해결하기 위해서는 다양한 학문 분야의 학자가 협력해야 하고 서로 힘을 맞대야 한다는 것을 알게 되었습니다.

그 이후에 금융 위기가 닥쳤습니다. 2008년, 2009년에 전 세계적인 금융 위기가 있었습니다. 당시에 저희는 800억 달러 정도의 손실을 입었습니다. 당시 저희의 미션은 스탠퍼드 대학의 예산을 재조정함으로써 수입의 축소에 대응하는 것이었습니다. 그 이후에 미래에 대한 고민을 다시 시작할 수 있었습니다. 약 1~2년 정도 예산 조정을 비롯해 여러 가지 조정이 필요했습니다만, 결과적으로 다시 미래를 위한 작업에 착수할 수 있게 되었습니다. 제가 말씀드렸던 다학제적인 개편을 위한 시도를 할 수 있었던 것이죠.

차상균 저는 스탠퍼드 대학을 가장 개방적인 대학이라고 생각하고 있습니다. 부처 간, 전공 분야 간 장벽이 굉장히 낮은 것으로 기

각고의 노력을 통해 스탠퍼드대학은

개방을 위한 본격적인 캠페인을 벌이게 되었습니다.

많은 유연성을 확보할 수 있다면,

전공 분야 간 협업이 더 용이해집니다.

변화를 이끌어내는 데는 오랜 시간이 걸릴 수 있습니다.

이 때문에 인내심이 필요합니다.

온·오프라인 하이브리드 방식으로 진행된 헤네시 알파벳 회장과 차상균 서울대 데이터사이언스대학원장의 대담

억합니다. 이러한 개방성이 스탠퍼드대학교의 장점이라고 생각하는
데요. 그렇다면 스탠퍼드에서 이러한 학문 분야 간, 또 전공 분야 간
협업을 도모하기 위해서 어떠한 노력을 하셨는지 궁금합니다.

헤네시 스탠퍼드대학교의 총장과 학장의 리더십이 먼저 앞서
나갔습니다. 학장과 학과장이 자신만의 학부 영역을 챙기기 위한
노력을 과감하게 깨고 서로 협업한 것입니다. 컴퓨터공학과, 바이
오전공 등이 같이 협업할 수 있는 장이 마련됐습니다. 교수들 간에
도 상호 임용을 하고 자원을 공유하는 것이 가능하게 됐습니다.

각고의 노력을 통해 스탠퍼드는 개방을 위한 본격적인 캠페인
을 벌이게 된 것이죠. 예를 들어서 대안에너지전공자가 절반만 이
부서에 몸담고 나머지 절반의 시간은 다른 학문 분야에 연계할 수
있도록 하는 식이었습니다. 또 이러한 방식으로 절반의 임용 조치
를 통해서 더 많은 유연성을 확보할 수 있게 되었습니다. 이러한 것
이 가능하다면, 전공 분야 간 협업이 더 용이해집니다.

일부 동료들은 이 같은 새로운 시도가 쉽지 않을 것이라고 경고
했고, 우려하는 목소리도 있었습니다. 그리고 일부 대학에서는 성
공하지 못했다고 합니다. 변화를 이끌어내는 데 대학은 조금 더 오
래 걸릴 수 있습니다. 이 때문에 인내심이 필요합니다. 그래서 나중
에는 반대 했던 분들도 "이렇게 하기를 잘했군요"라고 좋은 평가를
하기도 했습니다.

차상균 미래의 교육은 어떻게 변화해야 할까요? 전 세계 대부분의 대학들은 부서가 다 사일로Silo(협력하지 않는) 형태로 나뉘어 있고 현실을 반영하지 못한다는 비판을 받고 있습니다.

헤네시 네, 맞습니다. 대학을 변화시키는 것은 장기적인 계획을 필요로 합니다. 왜냐하면 대학은 아주 느리게 변하기 때문이죠. 정년 보장 교수직들이 있고 또 이직률이 워낙 낮기 때문입니다. 스탠퍼드 대학의 경우 박사학위를 막 받은 젊은 교수진을 많이 임용합니다. 이들이 갓 박사학위를 받은 분야가 성장하는 분야라고 생각하고 있기 때문입니다.

또 젊은 교수진들이 새로운 시대로 각각의 학과를 끌어준다고 생각하기에 젊은 교수진들에게 권한을 부여합니다. 왜냐하면 최고의 아이디어는 서른다섯 살의 젊은 교수로부터 나온다고 생각하기 때문입니다. 특히 과학 기술 분야는 더욱 그렇습니다. 그렇기 때문에 젊은 교수진들을 계속 수혈해서 바꿔나가고자 하고 있습니다. 대학에서의 매일 매일을 학교에 온 첫 날처럼 행동해야 한다고 저희는 이야기합니다. 늘 초심을 잃지 않고 일을 해야 한다는 것이죠.

청중 교수님께서 서울이나 한국의 스타트업 생태계를 실리콘밸리와 비교해서 말씀을 해 주셨으면 합니다. 그리고 또한 교수님께서 생각하시기에 한국의 스타트업 생태계를 개선하기 위해서 어떤 방향성이 필요하다고 생각하시는지 궁금합니다.

헤네시 한국은 많은 장점이 있다고 생각합니다. 우선 인재가 많이 있고요. 그리고 또 기술에 대한 접근성도 좋고, 기존의 회사들도 최첨단의 기술을 확보하고 있습니다. 사실 한국의 경우에는 기업가 정신보다는 대기업에 의해 주도되는 것이 사실이죠. 그렇지만 이는 쉽게 변화할 수 있는 부분입니다.

기업가로 일하다가 다시 스탠퍼드로 돌아왔을 때, 저는 학생들이 기업가가 되는 것을 도와야 한다는 결론을 내리게 되었습니다. 제가 기업에서 일했을 때 재무제표를 읽을 줄도 몰랐고, 매출이나 시장에 대해서도 잘 몰랐습니다. 한 마디로 숫자를 잘 몰랐습니다. 그래서 많은 실수를 거듭했습니다. 운이 좋아서 사업이 성공하기는 했습니다만, 이러한 경험을 통해서 내린 결론이 있습니다. 학생들에게 스타트업 기업을 어떻게 만드는지, 벤처 캐피털사에게 피칭은 어떻게 하는지, 필요한 펀딩의 액수를 어떻게 계산하면 되는지 가르치게 되면, 창업 성공률을 높일 수 있다는 것입니다.

1

하이브리드 근무와
일의 미래

┃ '원격 이민'과 심화하는 취업 경쟁

리처드 볼드윈 제네바 국제경제대학원 교수
스위스 제네바 국제경제대학원의 교수이며 유럽 경제정책연구센터 포털 사이트(VoxEU.
org)의 설립자이자 편집장이다. MIT에서 폴 크루그먼(공동으로 6개의 논문을 발행)과 함께
경제학 박사학위를 받은 후, 1990년부터 1991년까지 미국 조지 부시 대통령의 경제자문
위원회에서 수석 경제학자로 역임했다.

"코로나19로 인해 원격근무가 큰 힘을 받아 미래가 한층 더 앞
당겨졌습니다. 앞으로 진행될 세계화에서는 서비스 교역이 제품 교
역만큼 중요해질 겁니다. 요약하자면 이제는 '블루칼라(생산 현장 종
사자)'의 일자리 뿐 아니라 '화이트칼라(사무직 노동자)'의 일자리도
영향을 받게 된다는 것입니다"

볼드윈 교수는 30년째 세계화와 교역 관계를 연구해온 세계적

학자다. 1990년부터 1991년까지 미국 조지 W. 부시 대통령의 경제 자문위원회에서 수석 경제학자를 역임하기도 했다. 볼드윈은 앞으로 진행될 세계화가 지금 우리가 알고 있는 세계화와는 다르다면서 이에 대한 사고를 정리하는 것이 중요하다고 전했다. 세계화를 바라보는 우리의 지식이 과거에 머물러 있다면 미래를 이해하고 새로운 기회를 포착하지 못한다는 말이다.

그는 세계화를 3단계로 구분하며 각자의 단계마다 '차익거래 arbitrage(아비트라지)'란 개념을 가져와 세계화가 진행된다고 분석했다. 차익거래란 물건의 상대적 가격이 국가마다 다르게 되면 국가 간 가격 차이를 이용해서 이윤을 남길 수 있다는 개념이다. 이로 인해 국가나 지역 간의 교역이 발달해왔다.

먼저 볼드윈이 말하는 첫 번째 세계화는 '상품의 차익거래'에서 기인한다. 1820년대부터 증기기관이 발명되면서 상품을 이동시키는 비용이 낮아져 현대적인 의미의 세계화가 시작됐다는 것이다. 이 과정에서 기업들이 제조하는 비용을 최소화하기 위해 시설을 한 곳에 집중시키는 경향이 일어났다. 여기에 여러 지식과 노하우가 쌓이게 됐고 이에 따라 특정 국가 위주의 경제 성장도 일어났다. 실제로 1800년대 이후 소위 'G7'으로 불리는 선진국들의 소득이 급증해 중국과 인도 등 국가와 격차가 크게 벌어지는 '그레이트 다이버전스(큰 격차)' 현상이 발생했다.

두 번째 세계화는 '지식(노하우)의 차익거래'에서 발생했다. 볼드윈은 "1990년대에 정보통신 기술이 많이 발달하게 되면서 통신비용이 많이 줄어들었고 지식을 다른 나라로 이전하는 것도 쉬

위졌다. 이에 지난 25년 동안 지식의 차익거래가 '오프 쇼어링Off-shoring(국외 이전)' 형태로 진행됐다. 기업들은 자신이 알고 있는 지식(노하우)을 인건비가 낮은 나라로 이동시켜 수익성을 극대화했다"고 설명했다. 예를 들어 미국 기업의 기술을 멕시코 공장에 가져가 멕시코 수준의 임금을 지불하고 제품을 생산하면 미국 공장에서 생산하는 것보다 기업은 훨씬 더 비용 측면에서 경쟁력을 갖출 수 있게 된다. 이에 따라 중국과 인도 등 신흥국가들의 성장 속도가 선진국보다 더 빠르게 되는 등 세계화의 성격이 변하게 됐다.

볼드윈은 앞으로 세 번째 세계화가 '노동 서비스의 차액 거래'에서 발생할 것으로 예측했다. 즉 선진국의 노동 서비스를 신흥국가 등에서 원격으로 수행할 수 있는 '원격 이민'이 이뤄진다는 말이다. 예를 들면, 과거에는 폴란드에 거주하는 회계사가 미국 뉴욕에서 일하는 것이 현실적으로 가능하지 않았지만, 지금은 디지털 기술로 원격근무가 충분히 가능한 일이 됐다.

이제는 선진국의 화이트칼라 중 전문직들도 전 세계적인 경쟁 체제에 영향을 받게 된다는 말이다. 볼드윈은 "세계화란 더 많은 기회가 가장 경쟁력 높은 기업과 개인으로 간다는 뜻"이라며 "지금까지 선진국의 전문직들은 높은 기술 장벽의 뒤에서 보호를 받았지만, 새롭게 전개될 세계화 시대에선 경쟁에 노출된다"고 설명했다. 즉, 다가올 세계화 시대에는 신흥국에서 일하던 근로자가 선진국에서 높은 임금을 받고 일할 수 있게 된다. 볼드윈은 "현재까지는 하나의 추측에 불과하지만, 워낙 선진국과 개발도상국 사이의 임금 격차가 크고 디지털 기술이 발달하고 있기 때문에 가능성이 높다"

고 전했다.

또한 그는 원격근무로 인해 선진국에서는 디지털 기술의 발전과 세계화에 대한 반발이 일어날 확률이 높다고 예상했다. 자신의 사례를 들며 스위스와 필리핀의 경제학 교수 사이의 임금 격차가 20배 정도기 때문에 수월하게 원격교육을 할 환경이 조성되면 일자리를 잃을 수도 있을 것이라고 전했다.

앞으로 다가올 세계화는 기존에 진행됐던 세계화보다 더욱 직접적으로 영향을 미칠 것이라고 그는 바라봤다. 기존의 신흥 시장은 결국 값싼 노동력을 가지고 제품을 생산해 수출한 것이라 본질적으로는 저임금을 수출하면서 이 과정에서 클러스터(집단 단위체) 등이 형성돼야 했지만, 원격 이민이 이뤄지는 경로는 훨씬 더 직접적이라는 뜻이다.

▌온·오프라인 하이브리드 업무의 시대

웬디 마스 시스코 유럽·중동·아프리카·러시아 대표

마스 대표는 고객 니즈와 사업 목표를 겨냥한 전략을 실행에 옮기고 시스코의 성장을 도모한다. 시스코에 합류하기 전, 11년 동안 스루포인트 글로벌 최고기술책임자를 역임하며 대기업이나 서비스 회사를 도왔다.

모리스 레비 퍼블리시스그룹 감사회 회장

퍼블리시스그룹은 세계 3위 규모의 광고지주회사다. 레비 회장은 1987년부터 2017년까지 세계 최고 수준의 커뮤니케이션 회사인 퍼블리시스그룹 CEO를 역임했다. 그는 프랑스은행 자문위원회, 2006년부터는 도이체방크 감사회 소속이다.

"기업들이 코로나19 발생 이전의 근무환경으로 100% 돌아가는 것은 어려워졌다. 기업들은 온라인을 활용한 재택·원격근무와 오프라인 근무 시스템이 결합한 '하이브리드' 방식을 받아들이고 적응해야 한다."(웬디 마스), "코로나19 발생 이전에는 재택·원격근무의 필요성을 강조해도 이를 실제로 시행하는 기업이 많지 않았다. 코로나19가 세계적으로 대유행하면서 디지털 기술을 활용해 재택근무를 채택하는 기업들이 순식간에 많아졌다."(모리스 레비)

기업 경영 전문가들은 코로나19로 인해 재택·원격근무와 비대면 문화가 확산되면서 경제·정치·문화 등 사회 여러 영역은 물론 사람들의 일상생활 전반이 기술과 연결된 기술 중심 시대가 시작됐으며, 앞으로 기술의 중요성은 더욱 커질 것이라고 한목소리를 냈다. 사람들의 일상은 급속도로 디지털화되었고, 디지털화에 적응해야만 살아남는 시대가 도래했다는 진단이다.

웬디 마스는 "교육, 헬스케어 분야는 디지털 전환이 특히 빠르게 진행될 것이기 때문에 의사들이 원격진료를 할 수 있는 기술을 습득해야 할 것"이라며 "아날로그 중심에서 디지털 전환이 이뤄지는 영역은 정부도 예외가 아니기 때문에 정부도 디지털을 활용해서 효율적인 방법으로 국민들에게 서비스를 제공해야 한다"고 강조했다.

그는 시스코의 재택근무를 사례로 들며 디지털화의 긍정적인 효과에 대해서도 언급했다. "국가마다 상황은 조금씩 다르지만 시스코는 지난 3월 중순 재택근무를 시작하면서 척 로빈슨 CEO를 비롯해 임원진들이 일주일에 한 번 모든 직원들과 화상회의를 통해서 이야기하는 '체크인'을 시행 중인데 직원들에게 큰 호응을 받고 있다"고 말했다. 그는 "직원들이 코로나19 사태 이전에는 쉽게 만날 수 없었던 고위 임원진을 화상을 통해서 만나서 애로사항, 문제점, 궁금한 내용 등을 임원진에게 직접 토로하거나 물어볼 수 있고, 경우에 따라서는 임원진이 그 자리에서 문제를 바로 해결해준 덕분"이라고 설명했다.

디지털 경제 전환이 빨라지면서 데이터와 데이터 보호의 중요성 역시 커졌다는 분석도 나왔다. 손영권 삼성전자 사장 겸 최고전략책임자는 "과거에는 물리적인 안전이 중요했지만 코로나19 확산으로 많은 사람들이 재택근무를 하면서 이제는 데이터를 보호할 수 있는 안전한 기술에 관심이 높아지고 있다"며 정보 보안의 중요성을 역설했다. 그는 "세계적으로 약 45억 명의 사람들이 인터넷을 사용하고, 세계 인구의 약 60%가 온라인으로 연결돼 있으며 매일 약 5억 개의 트위터, 약 1억 개의 사진이 인스타그램에 올라간다. 즉 놀라운 양의 데이터가 세계적으로 공유되면서 클라우드 수요 역시 증가하고 있다"며 "진정한 기술 융합 시대로 진입한 것 같다"고 밝혔다.

▮ 미래 사무실을 위한 새로운 상상력

안소니 카우스 JLL 아시아·태평양 지역 CEO
부동산 투자 및 관리를 전문으로 하는 글로벌 부동산 서비스 회사 JLL의 아시아·태평양 지역 CEO다. 아시아·태평양 지역 16개국의 4만 2,000여 명의 직원을 관할하고 있으며, JLL 글로벌 이사회 소속이기도 하다.

제이슨 포메로이 건축가

유명 건축가이자 교수, 방송인이다. 지속가능한 디자인 부문의 세계적인 이론가 중 하나로 손꼽힌다. 영국 노팅엄대학교와 이탈리아의 베네치아 건축대학교 등에서 강의한다.

"화상회의 시스템과 같은 도구가 있다고 해서 사무실이 사라져야 하는 것은 아닙니다. 직접 얼굴을 맞대고 공동 작업하는 것은 창의성과 혁신으로 향하는 '키Key'가 되기 때문입니다." 안소니 카우스 JLL 아시아태평양 지역 CEO는 이같이 말했다. JLL은 부동산 투자 및 관리를 전문으로 하는 글로벌 부동산 서비스 회사다.

카우스는 '사무실 문화에 종말이 왔는가'라는 질문에 고개를 저었다. 그는 과거 사례를 언급하며 기술이 발전하면서 사무실에 대한 새로운 수요가 계속적으로 생겨난다고 말했다. 인터넷이 등장한 1990년 중반, 경영학자 피터 드러커는 장차 사무실 통근이 사라질 것으로 예측했지만 1995년부터 아시아·태평양 지역의 사무실 주식 시장이 다섯 배 성장했다. 또한 금융위기 당시 기업들이 다시는 과거처럼 사무실 공간을 채울 수 없을 것이라는 얘기가 나왔지만 다시 회복하기도 했다.

특히 그는 "코로나19로 인한 팬데믹 상황에서 일시적으로 인력이 줄어들고 이에 따라 사무실 공간이 줄어드는 문제가 있기는 하다"면서도 "장기적으로는 기술 발전에 따라 새로운 산업이 나타나면서 사무실 공간에 대한 새로운 수요가 창출될 것"으로 낙관했다. 실제로 그가 몸담고 있는 JLL이 10개 국가의 175개 이상 기업에서 일하는 대표를 대상으로 조사한 결과에 따르면 71%의 응답자가

'팬데믹 이후 사업장을 오히려 늘릴 것'이라고 답했다.

이어 카우스는 사무실이 조직 심리와 각 기업의 브랜드를 형성하는 데 매우 중요한 영향을 미친다고 말했다. 그는 스티브 잡스의 '창의성은 끊임없는 미팅과 논의에서 나온다'는 발언을 인용하면서 현실 속에서 사무실이 가진 기능으로 인해 가상의 공간으로 대체될 수 없다고 주장했다.

코로나19가 사무실의 변화에 촉매제 역힐을 했다는 분석도 나왔다. 그는 "향후 사무실은 더욱 많은 협업이 이뤄지는 공간으로서 활용이 될 것"이라며 "재택근무 등 '유연한 형태의 근로'에서 성공을 거두기 위해서 기업들은 기술에 투자를 해야 한다"고 조언했다.

또한 카우스는 기업들이 직원의 의견에 귀를 기울이고 그들의 건강과 복지를 증진시키는 방향으로 사무실을 개선해나가야 한다고 강조했다. 계속해서 기업이 성장하고 더 훌륭한 인재를 유치하기 위해서는 사무실의 변화가 필수적으로 이뤄져야 한다는 것이다.

포메로이 스튜디오 대표인 제이슨 포메로이도 카우스 대표와 마찬가지로 미래에 사무실이 없어지지 않을 것으로 바라봤다. 포메로이는 코로나19 이후 미래 사무실의 모습을 세 가지 측면으로 예상했다. 먼저 앞으로의 사무실은 감염병 예방과 위생 조치를 갖춘 곳이 될 것이라는 전망이다. 그는 "오늘날 사무실은 QR코드를 찍거나 세정제가 필수인 곳이 됐다. 그렇지만 이러한 위생 조치가 필요함에도 사무실은 우리를 다시 유인하고 있다. 고용주 입장에서는 생산성이 만들어지는 장소가 사무실이기 때문"이라고 설명했다.

또한 사회적 거리두기 기준을 충족하기 위해 앞으로 사무실의 밀도가 줄어들 것으로 예측했다. 그는 "개인의 공간이 원으로 구역화된 '식스 피트 오피스'라는 사무실이 등장했다. 이러한 공간을 통해 개인의 건강과 복지 그리고 생산성을 보장할 수 있도록 공간이 재편성될 것"이라고 말했다. 다만 도심의 부동산 비용이 너무 높기에 밀도를 줄이는 것에는 한계가 있다며 균형점을 찾아야 한다고 말했다.

마지막 모습은 코로나19로 인해 재택근무가 일부 구현되면서 사무실에 하루 종일 있을 필요가 없어진다는 예상이다. 포메로이는 "어떤 직책을 맡느냐에 따라서 언제 사무실에 출근하는지를 결정할 수 있게 된다"고 말했다. 이 과정에서 "고용주는 직원을 신뢰해야 하고, 사무실에 꼭 출근을 해야 생산성이 있다는 사고방식을 바꿔야 한다. 기술이 발전하면서 이제는 눈에서 멀어진다고 마음이 멀어진 것이 아니기 때문"이라고 조언했다.

▎'액티브 시니어'의 등장: 노동하고 소비하는 노년

마이클 호딘 글로벌노화연맹 사무총장

하이랜턴그룹 매니징 파트너, 옥스퍼드대의 해리스 맨체스터 칼리지의 연구원이다. 글로벌노화연맹을 창립하기 전, 그는 화이자에서 30년간 국제공공문제와 공공정책을 주로 연구했다.

에스코 아호 제37대 핀란드 총리

시니아 오위Cinia Oy와 아드반Adven 그룹의 이사장이다. 그는 1990년부터 2002년까지 핀란드 중앙당의 당대표를 역임했고 1991년에는 핀란드 총리 자리에 올라 핀란드를 유럽연합에 가입시키는 데 성공했다.

합계출산율·출생아

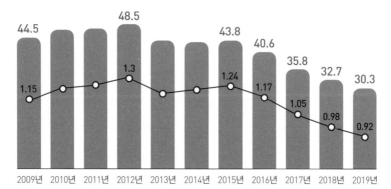

*합계출산율: 여성 1명이 평생 낳을 것으로 예상되는 평균 출생아 수   출처: 통계청
* OECD 회원국 2018년 평균은 1.63명

　　고령화 속에서 지속가능한 경제 성장을 이루기 위해선 70~80
대 인구도 노동하고 소비자로서 역할을 할 수 있다는 인식이 중요
하다는 의견이 나왔다. 또 고령화는 각광받는 미래 트렌드이며 시
장 잠재력과 기회가 크다는 주장도 제기됐다.

　　마이클 호딘 글로벌노화연맹 사무총장은 "70세, 80세 인구도 노
동할 수 있어야 하고 소비자로서 역할을 하는 것이 실버 경제의 초
석"이라며 "'은퇴'라는 건 20세기 용어다. 이렇게 20세기 용어를 계
속 사용한다면 지속가능한 경제 성장은 불가능하다"고 밝혔다.

　　서형수 저출산고령사회위원회 부위원장은 "우리나라의 출산율
은 2015년 1.24명에서 매년 10%씩 떨어지고 있으며 이는 결국 고
령화로 연결되는 부분"이라고 말했다. 저출산고령사회위원회에 따

급감하는 임산부

단위: 명

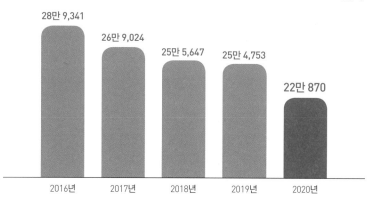

28만 9,341 26만 9,024 25만 5,647 25만 4,753 22만 870

2016년 2017년 2018년 2019년 2020년

*국민행복카드 신청자 수 기준. 매년 1~8월 기준

출처: 건강보험공단

르면 우리나라의 합계 출산율은 2018년 0.98, 2019년 0.92 수준이다. 이어 서 부위원장은 "1955년생부터 1974년생까지 1차, 2차 베이비붐 세대가 전국 인구의 3분의 1인 1,700만 명"이라며 "앞으로 50년간 전체 고령 인구는 900만 명으로 1년에 45만 명씩 늘고 생산 인구는 약 870만 명으로 매년 45만 명씩 빠지는 데다 75세 이상 후기 고령자들도 더 늘어나게 된다"고 설명했다. 이어 그는 "생산 인구층을 늘리기 위해선 노년 인구를 65세가 아니라 70세로 올려야 하며, 여성과 청년 고용률을 높여서 생산 연령층의 생산성을 높여야 한다"고 주장했다. "평생 학습, 4차 산업혁명을 통해서 생산성을 높이는 것도 중요하며, 고령층을 위한 노동 시장을 만들어야 할 것"이라는 의견도 냈다.

호딘은 "가장 크게 문제되는 것은 연령 차별주의"라며 "60대가 넘으면 어떤 일을 할 수 없다는 고정관념을 철폐해야 한다"고 강조했다. 이어 "직장은 여러 세대가 함께 일하는 방식으로 설계되어야 하며 20~30대처럼 70~80대도 다양한 방식으로 일할 수 있다는 것을 알아야 한다"고 했다. 그는 "고령층 노동자는 실버 경제의 성장 동력이 될 수 있다. 고령화 전략에 기반을 두고 매출을 창출한다면 고령화의 트렌드의 수혜를 누릴 수 있을 것"이라고 했다.

《2020 시니어 트렌드》의 저자 사카모토 세쓰오는 "시니어 마케팅은 성공하지 못한다고들 이야기하지만 사실 그렇지 않다"며 일본 관광 지출의 경우 50세 이상 일본 여성들이 큰 구매력을 보여주고 있다고 설명했다.

'시니어'라는 단어가 주는 장벽도 문제로 지적됐다. 세쓰오는 "조사에 따르면 50~59세 연령자가 본인을 시니어로 부르는 것을 인정하지 않으며, 심지어 60~69세 연령자 중에서도 시니어라고 불리는 것을 좀처럼 받아들이지 못했다. 시니어라는 단어를 계속 사용한다면 소비를 진작시키기 어려울 것"이라고 주장했다. 이어 "서비스 업체 중에선 소규모인 시니어 시장을 공략할 필요가 없다고 느끼는 경우도 있지만, 앞으로의 인구 구조 변화를 보면 50세 이상 인구가 전체의 절반을 차지하게 된다"며 "50세 이후에도 개개인은 조금 더 가치 있고 활기찬 삶을 추구한다는 조사 결과가 나왔다. 이 연령은 결코 인생의 끝자락이라고 볼 수 없다"고 했다.

세쓰오는 실버 경제에서 유망한 업종으로 건강 보조식품과 체육 시설, 운동 서비스 등을 언급했다. 그렇지만 여행, 외식, 화장품,

엔터테인먼트, 자동차, 인테리어 등도 이 같은 트렌드에 적합한 방식으로 제공되면서 산업 활성화에 선순환 구조가 생길 수 있다고 봤다. 마지막으로 "인구 구조 변화가 전 세계적으로 진행이 되고 있는 만큼 경제 부흥과 지출 활성화를 위해 노년층을 위한 서비스가 개발되어야 한다"고 강조했다.

에스코 아호 제37대 핀란드 총리는 "인구 고령화는 전 세계 모든 지역에서 거대한 주제로 대두되었다"며 "고령화가 문제라는 시각에서 벗어나야 한다. 고령화에 따른 여러 기회가 함께 수반된다는 것을 이제 우리는 알아야 한다"고 했다.

아호는 "환경 문제가 대두되면서 친환경이라는 아이디어가 기업들에게 이윤을 안겨줬다. 마찬가지로 글로벌 트렌드인 실버 경제도 우리가 제대로 대응하고 조직하면 시니어 인구는 물론 모두가 혜택을 가져갈 수 있는 기회다"고 설명했다. 그는 특히 기술 발전이 실버 경제를 지탱해줄 것으로 내다봤다. "앞으로는 과거처럼 획일화된 모델이 아니라 개개인의 역량에 맞게 일을 설계할 수 있을 것"이라며 "다양한 디지털 기술은 고령층이 건강하고 행복한 삶을 영위하는 데에도 큰 도움을 줄 것"이라고 전망했다. 그는 "나이가 들면 효율성이 떨어진다는 편견이 있지만, 경험을 바탕으로 실수하지 않고 일을 할 수 있다는 점에서 충분히 보완될 수 있다"는 의견도 밝혔다.

| 디지털 전환, 기업보다 인간의 과제

토니 살다나 트랜스포먼트 회장

컨설팅 기업인 트랜스포먼트 회장으로 전 세계 20명 이상의 부호와 100곳 이상의 기업들에 디지털 전환과 글로벌 비즈니스 서비스에 관한 자문을 하고 있다. 살다나 대표는 미국·유럽·아시아에 대한 국제적인 비즈니스 전문지식을 30년 이상 쌓아왔으며, 2013년 컴퓨터월드가 선정한 최고의 IT 전문가 100인 중 한 명이다.

"코로나19 팬데믹은 디지털 전환을 가속화해 2년에 할 일을 2개월 안에 할 수 있게 해줬습니다. 지금은 디지털 전환을 위한 일생일대의 기회이며, 뛰어난 기업들은 위기 속에서 어떻게 더 성장할 수 있을지 고민하고 노력합니다."

토니 살다나 트랜스포먼트 회장은 "디지털 전환이란 기업과 사람과 사회를 3차 산업혁명에서 4차 산업혁명으로 곧바로 이동하도록 하는 것"이라며 이같이 밝혔다. 살다나는 P&G 전 부사장이자 오피니언 리더, 작가로 활동하고 있다.

증기, 전기, 인터넷을 기반으로 이뤄진 산업혁명과는 다르게 4차 산업혁명은 디지털 기술을 기반으로 물리적, 생물학적, 사회적인 것까지 모든 형태의 기술에 변화를 일으키고 있다. 이에 디지털 전환은 기업들의 최우선 과제가 됐다. 살다나는 "디지털 전환은 바로 다음 산업혁명 시대에 스스로를 재편시킴으로써 생존해나갈 수 있도록 하는 것"이라며 "이는 기술을 준비한다는 의미가 아니라 우리가 준비되어 있어야 한다는 의미"라고 강조했다.

그는 스타트업 CEO와의 미팅을 조정하는 과정에서 로봇 비서와 이메일을 주고받은 경험을 예로 들며 디지털 전환의 필요성을 피력했다. "작은 스타트업 기업이었는데 로봇이 비서직을 대신 수행했고 메일을 주고받으면서도 로봇이라는 어떠한 흔적을 찾아볼 수 없었다"며 "이 같은 스타트업의 비용 구조를 보면 대기업보다 50% 이상 절감되고 있었다. 4차 산업혁명 시대에선 다른 대기업과 경쟁하는 것이 아니라 스타트업과 경쟁하기 때문에 디지털 전환이 필수"라고 말했다. 이어 인공지능이 판사 대신에 법원에서 사건들을 처리한 사례, 미국의 실시간 금융·스포츠 뉴스 속보의 90%를 로봇이 쓰는 사례, 딥러닝으로 인간보다 기계가 50% 더 정확한 독심술을 구현할 수 있다는 점 등도 언급하면서 디지털 전환이 필요한 이유를 재차 강조했다.

트랜스포먼트는 2030년까지 제조업, 운수, 소매업종 등에서 40~50%의 일자리가 로봇으로 대체될 것으로 전망했다. 살다나는 무어의 법칙에 따라 2023년이 되면 인간 두뇌 수준의 전산 능력을 1,000달러로 살 수 있고, 2050년에는 1,000달러로 전 지구 모든 사람들의 두뇌 수준의 전산 능력을 구매할 수 있게 된다는 전망도 내놨다. 그러면서 디지털 전환이 3조 달러에 달하는 산업이라고 추정했다. 하지만 기업의 70%는 디지털 전환 실패를 맛보게 되기 때문에 이에 대처하는 사고방식을 갖춰야 한다고 피력했다.

살다나는 "디지털 전환 성공을 위해선 이것이 IT 프로젝트라는 생각에 그치지 않고 조직 문화 변화가 필요하다는 점을 인식해야 하며, 큰 위험을 감수하더라도 큰 수익률을 추구하겠다는 벤처 캐피털식의 사고방식을 갖춰야 한다"고 조언했다. 그리고 "뛰어난 기업들은 위기가 지난 후가 아니라 위기 동안에 더 우수한 성과를 낸다"며 코로나19 위기 속에서도 경쟁사보다 앞서 나가기 위해 계속 움직여야 한다는 점을 강조했다.

코로나19 위기로 재택근무가 급격히 확산된 상황에 대해서는 "재택근무가 가능한 일의 종류를 차별화하는 것이 중요하다"며 "재택근무는 계속 이어질 것으로 전망하나 창의적인 일이나 협상은 면대면으로 이루어져야 한다고 생각한다"고 했다.

▌고립은 결코 우리의 미래가 아니다

브루스 데이즐리 《조이 오브 워크》 저자

영국의 베스트셀러 작가이자 기술 리더다. 트위터 유럽·중동·아프리카 지사의 부사장으로 일했다. 2012년 트위터에 입사하기 전에는 구글에서 유튜브 영국 지사를 운영했다. 일 문화를 개선하기 위해 2019년 집필한 《조이 오브 워크》는 그해 봄 〈선데이 타임스〉의 경영도서 1위를 차지했으며, 〈파이낸셜 타임스〉지 이달의 도서에 선정됐다.

"코로나19 이후로 모든 것이 변할 겁니다. 일하는 방식도, 도시의 모습까지도." 현대인에게 '일하는 기쁨'을 소개한 베스트셀러 저자 브루스 데이즐리가 코로나19 이후 현대 사회가 맞이할 새로운 상像을 제시했다. 데이즐리는 "코로나19 이후의 우리는 분명 혁명에 가까운 삶의 변화를 겪게 될 것"이라고 말했다.

일 문화의 개선을 강조하는 그의 저서는 업무 스트레스에 함몰된 현대인들에게 절대적인 지지를 받았다. 그는 버밍엄의 한 공공

주택에서 자랐다. 라디오와 잡지사 등에서 일한 경험은 그가 유튜브, 구글, 그리고 트위터 등과 같은 테크 기업에서 일할 수 있는 발판이 됐다.

데이즐리가 가장 먼저 꼽은 변화상은 업무공간의 '호텔화'다. 대규모 돌림병의 확산으로 재택근무가 일상으로 자리 잡으면서, 큰 규모의 사무공간에 대한 필요성은 떨어질 것이란 진단이다. 데이즐리는 "코로나19가 끝난 이후에도 주요 기업의 임직원은 일주일에 하루나 이틀 정도는 집에서 근무하는 업무 환경이 구축될 것"이라고 했다. 그는 "스카이프·줌을 통해서 우리가 끊김 없이 상호작용할 수 있다는 걸 알게 됐다"면서 "더 이상 오프라인 업무만 고집할 필요가 없어진 걸 깨닫게 된 것"이라 덧붙였다.

재택의 일상화는 사무공간의 축소를 의미한다. 그는 호텔처럼 작은 공간을 짧게 임대해 사무용으로 쓰는 방식도 하나의 업무 형태로 자리 잡을 것으로 내다봤다. "사무실은 더 이상 소유의 공간이 아니게 될 겁니다. 남는 공간을 임대해 자유롭게 임직원이 교류하는 장場으로 기능할 거예요"

변혁은 작은 것에서부터 촉발된다. 데이즐리는 사무공간에 대한 개념 변화가 도시 자체를 바꿀 씨앗이라고 봤다. 과거의 도시는 도심에 모든 기반시설이 밀집돼있고 그 주변을 주택이 둘러싸는 '계란 후라이' 형이었다면, 향후 도시의 모습은 업무와 주택 공간이 혼합하는 '스크램블 에그' 형으로 예견했다. 그는 "과거에는 직장으로 출근을 위해 무리해서라도 도심 근처에 거주하려고 했다"면서 "재택근무의 일상화는 좀 더 쾌적한 주거 공간으로 이동을 의미한다"고 했다. 탈脫 도시화의 확산이다.

데이즐리는 재택이 우리의 일상으로 자리 잡은 이후에도, 사무 공간으로 출근하는 형태가 공존할 것으로 내다봤다. 인간의 창의성은 결국 생각의 섞임에서 나온다는 지론에서다. 필수 사무는 재택으로 처리할 수 있지만, 창조의 영역은 결국 서로의 얼굴을 마주봤을 때만이 가능하다. 네트워크 효과다. 데이즐리는 "MIT 팬디 펜틀랜드 교수 연구팀에 따르면, 이메일과 화상회의는 하루 일과의 내부분을 차지하지만, 문제 해결에는 크게 기여하지 않았다"면서 "잘 작동하는 사무실은 무엇보다 얼굴을 맞대고 대화를 많이 했던 조직"이라고 부연했다.

업무의 효율성을 배제하고서라도, 사람들 간의 만남은 유대관계를 형성하는 데 여전히 중요하다. 응집력 있는 팀은 결국 손을 맞잡고 업무를 함께 이고 진 사람들 사이에서 생겨날 수 있기 때문이다. "영국 옥스포드의 연구 결과다. 노를 젓는 사람들을 두 그룹으로 나눴다. 한쪽은 기계와 노를 젓는 팀, 다른 쪽은 몇 사람을 함께 노를 젓게 했다. 10분 후 결과는 어땠을까. 운동량은 비슷했다. 그런데, 사람과 노를 저은 팀 멤버들은 엔도르핀이 두 배 더 넘게 분비됐다. 사람은 일의 효율성을 떠나 다른 사람의 행복에도 크게 기여한다. 사람은 사람을 통해서만 행복을 느낀다는 얘기다."

혁신의 성지 실리콘밸리에서도 100% 재택근무의 효과에 관해서는 여러 설이 오간다. 트위터는 영구적 원격근무를 선언했고, 구글도 12개월 원격근무가 가능하도록 조치했다. 넷플릭스 CEO 리드 헤이스팅스는 "좋은 점을 하나도 찾지 못했다"고 맞불을 놨다.

데이즐리는 "재택과 사무실 근무 사이의 장점을 섞은 새로운 형태로 발전해 나가는 과정"이라고 했다.

재택과 사무공간이 뒤섞인 하이브리드 형태가 결국 대세로 자리 잡을 것으로 예상하는 그는 앞으로 기업을 일굴 창업자를 위한 하이브리드 모델을 제시했다. 우선 공유 사무공간을 마련한다. 팀별로 2~3일 정도 사무실 출근 시간을 지정한다. 지정된 시간에 그 부서원들은 모두 출근한다. 단기목표가 중요한 세일즈 팀은 월·화·수, 창의성이 중요한 프로젝트 팀은 화·수·목에 회사에 나오는 식이다. 그 외에는 재택근무가 원칙. 그는 "사무실로 출근했을 때, 사람들을 만나서 새로운 해결책을 모색할 수 있는 시스템이 가장 중요하다"고 했다.

"집이라는 삶의 일상 공간에서 일하는 건 정신 건강에 좋지 않다. 그렇다고 사무실에 매번 출근하는 것도 비효율적이다. 결국 균형이 중요하다. 일의 효율성과 사람과의 관계에서 오는 행복감. 이 두 가지를 모두 발견하는 시스템 말이다. 기술을 통한 '고립'은 결코 우리의 미래가 아니다."

그는 코로나19 이후 부작용에 대해서도 경계의 목소리를 냈다. 자칫하면 일과 사무가 완전히 뒤섞이면서 사적인 생활을 침해받을 수 있기 때문이다. 그는 "이메일로 소통을 할 경우 저녁·주말 시간에도 근무를 하는 사태가 발생할 수 있다"면서 "절충점을 찾기 위한 리더십을 발휘하는 게 중요하다"고 강조했다.

하지만 이 같은 현실은 한국 사회와 맞지 않는다는 의구심도 일었다. 국내 근로자 대부분은 혁신과 관계없는 소규모 작업장에서 일하고 있는 현실 때문이었다. 영세 사업장에서 "혁신을 준비하라" 는 말은 공염불처럼 느껴질 수 있다. 하지만 데이즐리는 혁신이 사업장의 규모와는 관련이 없다고 단언했다. 작은 문화에서도 생산성을 높이고, 근로자들에게 보람을 주는 시스템 구축은 여전히 가능하다는 이유에서였다. 그는 "혁신은 물질적인 것에서뿐만 아니라, 심리적으로도 가능한 것"이라면서 "오히려 작은 사업장에서 혁신의 씨앗을 심는 게 더 쉬울지도 모른다"고 조언했다.

장시간 근로시간으로 악명 높은 한국의 변화에 대해서는 좋은 평가를 매겼다. 근로시간이 짧아질 경우 기계적으로 시간을 채우기보다 효율성을 높이려는 작업이 선행되기 때문이다. "한국은 장시간 근로를 줄임으로써 새로운 혁신의 길로 들어서게 될 것"이라고 단언했다. "주 70시간 근무는 주 45시간 근무보다 더 적은 결과를 낸다는 흥미로운 조사가 있다. 조사 결과를 보고도 쉽게 믿지 않는 사람이 많다. 아마 대부분 직장이 불행한 이유가 아닐까. 미국이나 한국이나 크게 다르지 않을 것이다. 이제부터라도 사고를 전환해 보자. 생산성은 결코 시간과 비례하지 않는다."

| 재택근무 성공의 핵심은 곧 '믿음'

제이디 최 택스 테크놀로지스 CEO
미국 내 영향력 있는 3대 택스 소프트웨어 솔루션 기업인 택스 테크놀로지스 창업자이자 CEO이며 공인회계사CPA 변호사다. 현재 TTI에서는 미국 내 80명, 인도 개발센터에 300명의 직원이 근무하고 있다. TTI는 1999년 창업 시작부터 미국에서 100% 재택근무를 도입했다.

미국 세금 소프트웨어 기업인 '택스 테크놀로지스'는 21년째 재택근무를 한다. 미국 전역에 흩어져 사는 직원 80여 명은 각자 집에서 일한다. 코로나19로 어쩔 수 없이 재택근무를 시작한 한국 기업과는 달랐다. "출퇴근 시간에 시간을 쓰는 대신 집에서 일을 하면 생산성과 유연성이 높아질 거라고 생각했습니다."

최 대표는 글로벌 회계법인을 나와 1999년 택스 테크놀로지스를 세웠다. 택스 테크놀로지스는 지난해 매출액 1,800만 달러를 기록하며 튼튼한 회사로 성장했다. 그는 "믿지 않는 사람과 일하는 건 돌이 들어간 신발을 신고 뛰는 것과 같다"며 "직원을 믿으면 어떤 방식으로도 일할 수 있다"고 말했다.

집에서 일하는 직원들은 아이를 안고 화상회의를 한다. 일하다가 집안일을 하고, 아이들을 데리러 학교에 간다. 자기가 맡은 일만 해내면 상관없다. 최 대표는 "조금만 이해하고 서로 배려하면 가능한 일"이라며 "서로 이야기를 잘 듣고 고맙다는 이야기를 하는 게 중요하다"고 말했다.

회사에서 태어난 아이 수 통계도 있다. 회사의 성장과 직원의 행복이 함께 가는지를 보여주는 지표다. 아이가 태어나면 직원 모두가 다 같이 축하해준다. 직원들이 택스 테크놀로지스에서 일하면서 행복한 가족을 꾸리는 게 그의 바람이다. 매년 투자 뒤 남는 영업이익은 모두 직원들에게 돌아간다. "우리 회사 생산성은 모두 '노동'에서 나오기에 일한 사람들에게 돌려주는 건 당연한 일입니다."

다만 직원들이 만날 작은 사무실은 하나 필요하다고 최 대표는 말했다. 서로 소속감을 쌓을 공간이다. 이번 코로나19로 300여 명이 넘는 인도 개발센터도 재택근무가 시작됐다. 최 대표는 "인도 정부가 도시 봉쇄를 하기 전에 미리 재택근무에 들어갔다"며 "회사가 미리 자신의 안전을 위해 행동했다는 믿음이 직원들 사이에 생겼다"고 말했다. 고향과 집 애착이 큰 인도인 특성상 재택근무 만족도가 더욱 크다고 한다.

그렇다면 한국 기업은 코로나19 이후에도 재택근무를 이어갈까. 최 대표는 조금 회의적이었다. "한국 기업은 계층 구조라 이려울 수도 있습니다. 일을 하든 안하든 사무실에 사람이 있어야 한다는 생각이 바뀌어야 합니다."

2

빅데이터
맞춤 학습

▌교육의 미래: 학습자 맞춤 온라인 교육

루이스 폰 안 듀오링고 창립자

과테말라 출신의 기업가이자 카네기멜론대 컴퓨터과학부 교수다. 웹 인증 시스템 캡차를
고안했으며, 2009년 구글에 매각된 리캡차의 설립자이기도 하다. 또한 온라인 외국어 학
습 프로그램 듀오링고를 2011년에 창립했다. 듀오링고의 전 세계 사용자 수는 3억 명이
넘는다.

"모든 인증 시험은 온라인으로 가능합니다. 꼭 오프라인으로 시
험을 봐야 하는 이유는 없습니다. 특히 오늘날에는 시험 응시장이
필요가 없습니다."

루이스 폰 안 듀오링고 대표는 2011년 온라인 외국어 학습프로
그램 듀오링고를 만들었다. 그 전에는 웹 인증 시스템인 캡차를 고
안한 것으로 유명하다. 캡차는 사람만이 구별할 수 있는 찌그러진

문자, 왜곡된 숫자 등을 통해 사람과 로봇을 구별하는 시스템이다.

안 대표가 듀오링고를 만들게 된 이유는 경제적 불평등과 교육의 불평등이 순환되는 현실을 개선하고 싶었기 때문이다. 그는 "많은 사람들은 교육이 평등을 가져다주는 것으로 생각하지만, 나는 불평등을 가져오는 것으로 봤다"며 "돈이 많으면 양질의 교육을 받을 수 있지만 돈이 없다면 읽고 쓰는 것도 제대로 배우지 못해 평생 가난하게 살 수밖에 없기 때문"이라고 설명했다.

실제로 듀오링고는 학습 프로그램을 모든 이에게 무료로 제공해 전 세계에서 3억 명이 넘는 이들이 이용하는 등 세계에서 가장 큰 언어학습 플랫폼으로 성장했다. 듀오링고의 기업가치는 15억 달러(약 1조 8,000억 원)에 달한다는 평가를 받고 있다. 안 대표는 듀오링고의 성공 요인을 '무료 시스템'과 동기부여를 유지하게끔 돕는 '재미'에서 찾았다. 듀오링고는 게임 요소를 언어 학습 프로그램에 도입해, 학습을 하는 것이 아니라 게임을 하는 느낌이 들게끔 한다.

안 대표는 듀오링고의 빅데이터를 활용한 교육 서비스 개선 사례를 언급하며, 온라인 교육의 축적된 데이터로 개인에게 가장 필요한 '맞춤형 교육'을 제공하는 것이 가능했다고 전했다. 또한 듀오링고의 사용자들이 매달 완료하는 연습 문제만 70억 건 이상이기에 최적의 학습 순서 등 교육방법을 지속적으로 발전시켜나갈 수 있었다. 그는 "사용자가 무엇을 알거나 혹은 모르고 있는지, 어떤 예제를 풀어야 해결할 수 있을지를 분석해 맞춤형 수업을 제공하고 있다"며 "수백만 명에 달하는 사람들이 동시에 학습하기에 동시에 수백 가지 실험을 진행해 교육방법을 엄청나게 향상시킬 수 있었다"

고 말했다.

또 온라인으로 진행되는 교육이 기존의 교육에 비해서 훨씬 효율적이라고 강조했다. 안 대표는 "듀오링고에서 '체크포인트 5' 수준에 도달하기 위해선 대학의 4개 학기를 이수하는 정도의 영어 실력을 가져야 하는데, 평균적으로 소요되는 시간은 절반 정도밖에 되지 않는다"고 전했다.

특히 그는 코로나19 이후 비대면 온라인 방식 시험의 성공 사례를 전하며 앞으로도 해당 방식이 대세가 될 것이라고 밝혔다. 듀오링고가 2016년 내놓은 영어 시험인 DET는 코로나19 이후 폭발적인 응시자 증가를 보였다. 스탠퍼드대, 듀크대, 펜실베이니아대, 컬럼비아대 등 세계 유수 대학에서 이 시험 성적을 인정하기도 했다. 안 대표는 "가장 큰 혁신은 시험장에 가는 대신 개인의 컴퓨터에서 시험을 치를 수 있게 된 것"이라고 강조했다.

비대면 온라인 방식 시험의 맹점으로는 부정행위 가능성이 꼽혀 대면 형태의 시험이 필요하단 주장이 나오고 있지만, 안 대표는 온라인 시험에서 발생할 수 있는 부정행위를 기술로 방지할 수 있다는 입장을 나타냈다. 그는 시험을 응시하는 모든 이들이 컴퓨터의 전면 카메라를 작동시키게끔 하고 인공지능을 통해 응시자의 눈동자 움직임을 파악해 부정행위 방지가 가능하다고 설명했다.

그는 온라인 교육의 등장으로 인해 대학 등 학교가 없어질 것으로 보지는 않았지만, 온라인 교육이 확대되는 전환의 기회가 있을 것이라고 예상했다. 그는 "항상 사람들이 모여서 배울 수 있는 장소는 필요하다고 보고 그런 학교는 공동체 역할도 하기에 학교 자체가 없어지지는 않을 것"이라며 "더 많은 교육이 온라인으로 이뤄질 것이라고 생각하고, 앞으로는 온라인과 오프라인 두 가지의 모델이 공존하게 될 것으로 본다"고 전했다.

▎개인의 차별점이 강조되는 대학 입시

크리스토퍼 림 커맨드 에듀케이션 CEO
최고급 교육 및 입학 컨설팅 회사 커맨드 에듀케이션의 창립자이자 CEO다. 현재 〈포브스〉지가 선정한 30세 이하 30인 위원회에 소속돼 있다. 버락 오바마 전 대통령이 수여하는 평생공로상을 받았고, 루스 재단이 선정한 영 글로벌 리더스, 〈피플〉지가 선정한 히어로즈 어멍 어스에도 올랐다.

"4차 산업혁명 시대가 다가오는 현재는 어느 때보다도 'EQ(감성지수)'의 중요성이 대두되는 시기입니다. 오늘날 사람들은 'IQ(지능지수)'에 너무 많은 관심을 가지지만 EQ는 IQ 이상으로 실생활에서 중요하게 작용합니다."

크리스토퍼 림 커맨드 에듀케이션 대표는 "점점 자동화가 이뤄지면서 혼자 일하는 작업이 사라지고 다른 사람들과 협업하는 작업들만 남게 될 수도 있다"며 "팀으로 일하는 법이나 리더십 그리고 공감능력을 갖추는 능력 등의 역량이 학교든 인턴십이든 지원할 때 평가하는 중요한 항목이 되고 있다"고 설명했다.

림 대표는 이 주장의 연장선상에서 앞으로 한국 교육이 나아가야 할 방향에 대해 조언하기도 했다. 그는 "한국의 교육 시스템은 여러 면에서 훌륭하고 잘 짜여 있지만 개선해나갈 점이 많다"며 "한국 사회가 발전을 이루기 위해선 '창의성을 기르기 위한 여유'와 '자유도'를 학생들에게 부여하는 것이 정말 필요하다. 학업적인 역량을 키우는 것도 중요하지만 사회적 역할을 수행하기 위한 역량을 발달시키는 것이 더 중요하다"고 강조했다. 그는 소통하는 역량을 발전시키는 과정에서 학생들의 관심사와 열정을 발견할 수 있고, 이를 통해 개인의 지속가능한 발전이 이뤄질 수 있다고 전했다.

학생들이 잠을 줄여가면서 공부에 매진해야 하는 한국 교육 시스템에 대해서도 쓴 소리를 아끼지 않았다. 그는 "건강 문제도 중요하고, 교육은 장기적으로 바라봐야하기에 충분한 수면 시간을 유지하는 것도 정말 중요한데 한국 사회에선 오히려 밤늦게까지 공부를 하거나 밤을 연속적으로 새는 것을 미덕이라고 여긴다. 이 부분은 개선이 필요하다"고 전했다.

이어 그는 미국은 학생이 잘하는 과목에 집중하면 되는 시스템인 반면, 한국의 교육 환경은 학생들이 모든 것을 잘해야 하는 '팔방미인'이 되길 요구한다는 점도 지적했다. 또 일부 한국의 학부모들이 자녀가 의사나 변호사 등 전문직종이 돼야 한다는 생각에서 벗어나 조금 더 열린 마음을 가질 것을 조언하기도 했다.

림 대표는 2017년 예일대를 졸업한 후 뉴욕에 본사를 둔 교육 및 입학 컨설팅 회사 커맨드 에듀케이션을 설립했다. 해외 유수 언론에서 미국 최고 대학 입학 컨설팅 회사라는 평가를 받으며 〈포브스〉지가 선정한 영향력 있는 30세 이하 교육인 30인에 선정되기도 했다.

그는 예일대에 재학 중이던 시절, 수천 명의 고등학생을 대상으로 연구를 한 결과 연구에 참여한 학생 중 75%가 학교에 느끼는 감정을 묘사해달라는 질문에 '피곤함', '스트레스', '지루함' 등 부정적인 단어를 언급한 것을 보고 창업을 결심하게 됐다고 한다. 학생들이 학교생활에 임하는 데 조금 더 동기부여를 해줄 수 있는 방법을 고민하다가 학생과 비슷한 연령대의 멘토를 연결해주는 방식을 고안했다. 림 대표는 전 세계 학생들의 열정을 찾아 원하는 대학교에 진학할 수 있도록 돕고 있으며 실제로 키맨드 에듀게이션에 등록한 학생 중 96%가 희망하는 대학교에서 합격 통보를 받고 있다.

림 대표는 미국 명문대학 입학 과정에 대한 최신 정보도 공유했다. 그는 미국 대학 입학 과정에서 '차별성 확보'를 가장 중요한 요소로 강조했다. "90년대에는 좋은 성적을 받는 것이 대입 과정에서 가장 중요했지만, 현재는 자신만의 매력 포인트로 차별화하는 것이 중요하다. 상위권 학교에서는 학생들이 무엇에 관심이 있고 정말 어떻게 실천을 했는지를 중점적으로 보기 때문"이라고 말했다. 그는 자신의 예일대 합격 경험을 예시로 들었다. 자신의 내신 성적이 예일대에 지원한 고등학교 동기 18명 중에 가장 낮았지만 '떨어져도 잃을 것이 없다'는 생각으로 지원을 해 그 중 유일하게 합격을 했고, 이는 고등학교 시절 학생들이 긍정적으로 학교생활에 참여할 수 있도록 하는 비영리단체를 만드는 등 자신만이 가졌던 차별성 덕분이었다는 설명이다.

특히 그는 코로나19로 인해 SAT(미국 대학입학자격시험) 등의 시험이 취소되거나 연기되고 예일대나 MIT 등 주요 대학이 SAT 시험 점수를 고려하지 않겠다고 발표하면서 차별화된 비교과영역활동의 중요성이 더욱 커졌다고 분석했다. 추가적으로 그는 "대학들은 봉사활동 등을 얼마나 길게 했는지보다 어느 정도 임팩트가 있었느냐를 더 중요하게 생각한다. 내가 정말 하고자 하는 것이 무엇인지 알고 꾸준한 노력을 기울이고 자신의 관심사에 대해 진정한 열정을 보이는 것이 대학 입시에서 더욱 중요할 것"이라고 조언했다.

또한 림 대표는 지원자의 생각을 실천에 옮기려는 의지와 제반 여건상 이에 실패하더라도 실행하기까지 얼마만큼의 노력을 했는지를 각 대학에 어필해야 한다고도 강조했다. 그는 "최근 코로나19 상황으로 인해 구체적인 활동이 어려워 생각을 실천에 옮기는 것이 어렵다. 실패하더라도 이를 진행하기 위한 노력을 보여주고 실패 후 극복하는 과정을 대학 측에 보여주는 것이 중요하다"고 전했다.

다만 그는 미국 명문대에 입학하려면 코로나19 상황에서도 학교 성적을 꾸준하게 유지하고 SAT 과목별 시험 세 과목에 응시하는 것을 추천했다. 특히 SAT의 경우 지금 당장은 큰 의미가 없다고 생각할 수 있지만 대학 시험과 유사한 형태기에 각 대학에서 지원자들을 평가할 때 중요하게 보는 요소가 된다는 분석이다.

전문적인 커리어를 쌓고 성공하는데 아이비리그 등 명문대에 진학하는 것이 도움이 될까. 림 대표는 "일단 (아이비리그에 진학한다고 해서) 바로 성공하는 것은 아니다. 하지만 명문대가 제공하는 커뮤니티가 중요하고, 학술적인 자원뿐 아니라 식사 자리 등 평상시에 함께하는 논의 등이 도움이 된다"며 "나 또한 이런 환경들 속에서 능력을 길러왔기에 창업까지 이어졌다고 생각한다"고 답했다.

코로나19로 인해 대학 교육이 정상적으로 진행되지 않고 온라인 수업으로 대체되고 있는 상황에 대해 림 대표는 "현재는 온라인으로 대학 수업을 받다보니 친구도 만날 수 없고 스터디그룹을 만들 수도 없다는 문제가 있다. 화상회의 프로그램으로는 친구를 만들고 다양한 경험을 하기엔 많은 제약이 따른다"며 "대학은 단순히 수업만 잘 듣기 위해 가는 것이 아니고, 친구 혹은 교수님과의 교류 등 총체적인 경험을 하기 위해 가는 것이다. 코로나19로 인한 상황이 개선될 때까지 휴학을 하고 조금 더 넓은 세계를 경험하는 것이 좋은 선택이 아닌가 싶다"고 조언했다. 실제로 림 대표가 운영하는 커맨드 에듀케이션과 연락하는 학생의 90%는 한 해를 휴학하거나 '갭 이어(학업을 잠시 중단하거나 병행하면서 봉사, 여행, 진로탐색 등의 활동을 체험하는 기간)'을 가지기로 결정했다.

고등학생 때 이미 차별화되어야 한다는 생각이 큰 부담이 될 수 있고 학습에 대한 부정적인 생각을 심어줄 수 있지 않겠냐는 질문에 그는 "입시 절차 자체가 굉장히 치열한 경쟁 속에 있다. 또한 교육 시스템은 전공 분야를 빨리 선택하고 일찍부터 성취를 이뤄내도록 강요하는 측면이 있다"면서도 "성적을 차별화하는 것뿐 아니라 자신이 관심을 가지는 것에서 차별화를 하게끔 독려해야 한다. 학생이 장점으로 삼을 수 있는 것들을 스스로 발전시킬 수 있도록 도와야 한다"고 전했다.

3

고립된 인류를 치유하는
'쉘터 아트'

| BTS·〈기생충〉, 인류를 하나로 만드는 콘텐츠의 힘

린다 옵스트 〈인터스텔라〉 프로듀서
저명한 평론가이자 베스트셀러 작가이며 영화·방송 프로듀서다. 그의 유명작으로는 〈플래
시댄스〉 〈피셔 킹〉 〈시애틀의 잠 못 이루는 밤〉 〈어느 멋진 날〉 〈컨택트〉 〈인터스텔라〉 등
이 있다. 그의 작품은 오스카 후보에 11번 올라 2번 수상했으며, 골든글로브 후보에 11번
올라 4번 수상했다. 연예 산업과 연예계에서의 여성 문제를 자주 다루고 있다.

"영화 〈기생충〉과 그룹 BTS의 힘은 인류 모두가 공감할 만한 주
제를 이야기로 길어 올린 데 있죠. 기술의 발전으로 가짜뉴스, 선전
·선동이 더욱 강력해지고 있지만, 우리 역시 기술과 콘텐츠가 가진
힘으로 인류의 역행에 맞서야 합니다" 할리우드 프로듀서 린다 옵
스트는 "영화 〈기생충〉은 마이너로 통했던 한국 영화의 전환점을 마
련한 완벽한 영화"라면서 "BTS로 대변되는 K팝 역시 우리를 하나
로 묶는 데 성공했다"고 했다.

K팝과 소주를 즐긴다는 그는 한국의 문화예술이 과학기술을 활용한 콘텐츠의 모범 사례라고 평했다. 한국의 문화예술에는 가짜뉴스·선전·선동 등에 맞서 인류를 하나의 공동체로 만드는 힘이 느껴진다는 평이다. 린다 옵스트는 "기득권 세력의 선전·선동·가짜뉴스의 창구로 활용될 수 있다는 점에서 과학기술은 위험성을 지닌다"면서 "유튜브 등 새로운 기술을 활용한 방탄소년단은 선한 메시지 하나로 전 세계 사람을 감동시켰다"고 설명했다.

과학기술을 나쁜 쪽으로 이용하는 사례가 많아지는 세태 속에서도, 여전히 콘텐츠가 지닌 힘을 믿는다는 그는 "과학기술은 여전히 긍정적인 것"이라고 했다. "학교에 못가는 팬데믹 속에서도 청소년들은 여전히 틱톡·유튜브를 통해 소통하고, BTS 뮤직비디오를 본다. 직접 얼굴을 보지 않더라도 동질감을 느끼고, 서로를 연결하고, 공감을 느낀다. 모두 과학기술이 만든 세계 속에서 말이다."

그는 콘텐츠의 혁명을 불러올 기술로 양자컴퓨터를 들었다. 양자역학의 세계에서는 고양이 한 마리가 살아있을 수도 있고, 죽은 상태일 수도 있다. 어떤 사람은 흑인일 수도, 동시에 백인일 수도 있다. 기존 물리학을 완전히 허무는 이야기에 그는 완전히 빠져들었다. 기술 발전과 함께 바뀔 스토리텔링의 모습도 무엇보다 궁금한 그다. 그러면서도 옵스트는 "기술 자체를 맹목적으로 추구할 게 아니라, 사회적 영향력도 함께 고려해야 한다"고 했다.

그는 과학기술을 영화로 채색하는 데 천부적인 재능을 지녔다. 그의 대표작인 〈컨택트〉와 〈인터스텔라〉가 대표적이다. 〈컨택트〉는 위대한 과학자이자 저술가인 칼 세이건의 개념에서부터 시작됐다.

칼 세이건은 과학의 바이블로 통하는 《코스모스》의 저자다. 옵스트는 "칼 세이건이 외계 생명체와의 접선을 시도하는 장면을 소개해준 덕분에 영화 〈컨택트〉가 탄생할 수 있었다"고 했다.

〈인터스텔라〉 역시 마찬가지다. 영화에서는 점점 황폐해져가는 지구를 대체할 인류의 터전을 찾기 위해 새롭게 발견된 웜홀을 통해 항성 간Interstellar 우주여행을 떠나는 탐험가들의 모험이 연대기 순으로 그려진다. 서로 다른 시공간을 연결하는 웜홀 개념은 위대한 과학자 아인슈타인으로부터 고안됐다. 옵스트는 "웜홀이라는 과학적 개념과 그 공간을 여행하는 건 어떨까 하는 창작자의 스토리가 결합해 영화로 탄생했다"고 말했다.

과학이 영화의 씨앗이 되지만, 옵스트는 때론 영화가 과학의 대중화를 추동하는 동력이 된다고도 했다. "웜홀은 과거에는 괴짜들만의 생각이었다. 태양계 바깥에 생명이 있다는 것도 마찬가지다. 하지만 지금 어떤가. 모두가 영화를 보고 '아 저럴 수도 있겠구나'라고 생각하지 않는가. 〈컨택트〉를 보고 진짜 외계 생명체를 발견할 위대한 과학자가 탄생할지도 모른다."

양자역학은 그가 새로 주목하는 과학기술이다. 하지만 동시에 두려움도 든다고 했다. 독재 권력이 과학기술을 이용해 시민들을 통제할 수 있다는 생각에서다. 옵스트는 "중국도 그렇고, 러시아도 그렇고 모든 수집된 데이터를 활용해 시민들의 생각을 조정한다"면서 "과학기술이 과두정치의 도구로 활용되는 사례"라고 했다. 그러면서도 그는 더 많은 과학기술의 발전으로 민주주의의 힘을 견고히 해야 한다고 강조했다. "옛날 얘기지만, 소크라테스가 '아는 것이 힘이다'라고 했다. 이건 현재까지 유효한 진리다. 우리는 옳다고 믿는 것을 끊임없이 추구해야 우매한 대중으로 남지 않게 된다."

영화계에서도 과학기술이 무조건 선인 것만은 아니었다. 시각효과의 극대화로 자본이 필요해지면서, 중국 자본의 입김이 세졌기 때문이다. 그는 "손익 분기점이 대폭 올라가면서 영화산업이 중국 자본에 의존하는 측면이 강해졌다. 불법다운로드가 많아졌다는 것도 제작자에겐 치명적인 부분"이라고 말했다.

그는 영화를 준비하는 이들에게 조언을 잊지 않았다. '업'에서 재미만을 추구하지 말라는 조언이었다. 옵스트는 "콘텐츠 제작이 무작정 재미있다는 건 있을 수 없다"면서 "더 재미있게 만들 수 있는 사람과의 관계를 꾸준히 이어나가는 게 중요하다"고 했다.

할리우드 유명 프로듀서로서 그는 세상 모든 사람의 이야기를 들을 수 있는 능력이 중요하다는 점도 강조했다. 견고하고 넓은 호기심만이 창조의 씨앗이 된다는 이유에서다. 거절을 당해도 꾸준히 추구하는 끈기도 요한다. "장수하는 프로듀서의 공통점은 시대를 잘 따라간다는 거다. 책을 읽는 것도 좋고, 세대가 다른 이들과 대화를 나눈 것도 좋다. 다채로운 이야기를 듣다 보면, 어느새 자신의 내면에 스토리가 만들어진다. 나도 K팝에 빠진 내 손자한테 영감을 받았다."

| 사람과 사회를 치유하는 예술

페터 펨페르트 디 갤러리 회장

국제적 화랑이자 출판사인 디 갤러리의 설립자다. 그는 1972년 경영학과 법학 전공으로 졸업한 후, 렌터카 회사 아비스에서 매니징 디렉터로 근무했다. 1978년 안식년에 떠난 세계여행 후 전문적 차원에서 예술에 흥미를 가지게 되었고, 현대 미술 화랑인 디 갤러리를 설립했다.

"1630년, 베니스에 흑사병이 창궐했을 때 인류는 산타 마리아 델라 살루테 성당을 지었다. 그건 어려운 시기를 극복하고자 하는 희망의 상징이었다. 오늘날엔 강한 신념을 보여주는 건축물이자 동시에 사람을 보호하고 힘을 주는 예술품으로 남았다."

코로나19 영향으로부터 예술계도 자유롭지 않다. 페터 펨페르트 디 갤러리 회장은 "코로나19가 예술계에도 똑같은 영향을 미쳤다"며 "여러 갤러리, 박물관, 전시회가 문을 닫았다"고 전했다. 그는 "현재 우리는 단독 예약만을 받고 있다"며 "또 예술품을 선보이는 공간은 실제 갤러리에서 가상 갤러리로 바뀌었다"고 말했다. 실제 관람이 중요한 예술계 역시 큰 타격을 입었다는 설명이다.

그렇다고 전망이 암울하지만은 않다. 펨페르트는 "온라인을 통해 작품을 선보일 수 있는 '3D 프레젠테이션' 등의 기술이 마련되어 있어 마우스를 끌거나 화면을 터치하면 갤러리를 한눈에 볼 수 있다. 또 모든 작품을 온라인으로 감상할 수 있다"고 설명했다. 온라인에는 프레젠테이션 외에도 작품 이해를 돕기 위한 작품 소개 영상 등도 있다.

그렇지만 역시 예술품을 실제로 보는 일과 온라인으로 보는 것엔 차이가 있다. 펨페르트는 "디지털로 작품을 감상하는 것과 실제로 그 작품 앞에서 보는 것은 전혀 다른 경험과 충격을 가져다준다"고 말했다.

펨페르트는 예술 시장의 핵심이 '신뢰'라고 강조했다. 그는 "기본적으로 갤러리에서 클라이언트를 어떻게 대하느냐가 가장 중요하다. 코로나19 상황 속에서도 예술 시장의 본질은 바뀌지 않는다. 우리는 항상 클라이언트를 만족시키기 위해 수준 높은 예술품을 찾는다"고 말했다. 또, "우리의 가장 큰 자산은 클라이언트에 대한 확신이다. 고객의 만족도를 높이면서 온전한 관계를 유지하는 것이 중요하다"고 귀띔했다.

미래에 예술계가 어떻게 변화할지에 대한 질문에 대해 그는 "가상·온라인으로 진행되던 분야는 계속 남을 것 같다"며 "미래에도 계속 발전해나갈 것"이라고 말했다. 이어 "가상현실이 발전하면 여행을 덜 하는 방향으로 발전할 수도 있다. 해외여행 중 덜 중요한 것이나 가상·온라인으로 대체 가능한 여행은 줄어들 것 같다. 온라인으로 해결하는 편이 간편하기 때문"이라고 설명했다.

그는 "예술이 백신을 만들어줄 수 없고 의사를 대체할 수 없고 경제 안정화 프로그램을 대체할 수는 없다"면서도 "가치관이 흔들리는 상황에서 예술만이 사람과 사회를 치유하고 창의성을 고취시키는 역할을 할 수 있다"고 강조했다.

현대 사회에서 예술품의 가치는 엄청나다. 지난 2017년 11월 미국 뉴욕 크리스티 경매장에서는 르네상스 시대의 천재 레오나르도 다빈치가 그린 〈살바토르 문디(구세주)〉가 4억 달러(약 4,678억 원)에

낙찰됐다. 펨페르트는 이 이야기를 전하며 "예술 작품이 갖는 정신적인 가치는 10억 달러에 견줘도 전혀 부족하지 않다. 예술은 인간의 정신을 나타내는 높은 수준의 자산이기에 상품으로서의 예술은 독특한 가치가 있다"고 설명했다. 국제 예술 시장의 규모도 어마어마하다. 지난해 전 세계 예술품 경매 거래 금액은 650억 달러(76조 370억 원)에 달한다. 펨페르트는 "이제 예술은 단순히 예술가의 열정과 창의성만을 의미하는 것이 아니라 국제적으로 수익성 있는 사업이 되고 있다"고 전했다.

펨페르트는 최근 코로나19로 인한 팬데믹 상황에서 예술 시장이 그 어느 때보다 큰 영향을 받고 있는 점을 인정했다. 그는 "미술 시장도 이번 팬데믹으로 영향을 많이 받았다. 2008년 경제위기와는 다르게 코로나19는 모든 나라와 모든 지역에 영향을 주고 있어 이번에는 진정한 세계의 위기에 봉착해 있다"며 "수개월 전부터 예술 전시회가 모두 취소되고, 경매회사들도 일부 문을 닫고 예술품을 운송하는 회사 등도 모두 매출 급감을 경험하고 있다"고 전했다.

다만 지금과 같은 침체기는 예술에 있어서는 오히려 기회가 될 수 있다는 희망 섞인 의견을 보였다. 펨페르트는 "이번처럼 정체기에 예술가들을 만나면 본질적인 작업에 집중할 시기라고 말한다. 뒤돌아보면 오늘날의 시기가 어려웠지만 특별한 작품을 탄생시킨 시기로 기록될 것"이라며 피카소 등이 위기 상황에서 〈게르니카〉 등 최고의 예술작품을 내놓았던 역사를 회상했다. 또한 그는 "삶이 완전히 이성적이고 이 세상의 모든 것들이 합리적으로 보인다면, 사실 예술은 필요하지 않을지도 모른다"며 위기가 있을 때 오히려 예술이 빛난다고 봤다.

펨페르트는 혼란스러운 위기 상황에서 예술이 중요한 이유에 대해 문제를 해결하는 데 있어 예술이 건강한 방법이 될 수 있고, 변화의 촉매제가 되기 때문이라고 전했다. 그는 "예술은 본질에 집중한다. 우리 사회를 거울에 비추듯이 우리에게 보여주고 우리의 상처에 손가락을 집어넣어 이를 치유할 최고의 해결책을 제공하는 것이 예술"이라고 밀했다.

그는 예술 시장을 디지털 개발하는 등 새로운 영역을 개척해야 한다고 역설했다. 특히 코로나19로 인해 예술 시장이 능동적으로 변화하면서 디지털로의 개발 속도가 더욱 빨라졌다. 그는 "전시회 등을 물리적으로 진행할 수 없는 상황에서 예술 애호가와 관람객들의 선호와 요구를 충족할 수 있어야 한다. 예술 시장에 종사하는 이들은 가상의 서비스 플랫폼을 개발해야 한다"며 자신이 운영하는 디 갤러리의 디지털 전략에 대해 소개했다. 가상 서비스 플랫폼 개발은 높은 효율성 등의 장점도 있다. 펨페르트는 "가상 플랫폼을 통해 갤러리는 낮은 운영비용으로 많은 사람들에게 예술작품을 전달할 수 있게 된다"고 전했다.

펨페르트는 "예술 시장은 특정 생산 라인에 의존하고 있지 않기에 회복력이 있고 역사적으로 항상 재앙을 딛고 일어섰기에 투자처로도 굉장히 견고하다"며 "클래식한 예술품의 경우 그 가치나 가격이 아주 천천히, 그러나 일관되게 변해왔다. 블루칩이라고 불리는 피카소 등 거장들의 작품은 더 그렇다"고 강조했다.

특히 그는 아시아 시장이 미국이나 영국 등 주요 미술 시장보다 팬데믹의 부정적인 영향으로부터 더 빠르게 회복할 것으로 전망했다. 또한 아시아 예술품 시장을 수출하는 역할을 맡아온 홍콩의 정치적인 변화로 인해 이 역할이 싱가포르 또는 한국으로 이동할 것으로 예상하기도 했다.

▌라이브(Live)로 살아남자(Live)

브라이언 차우 iMe 엔터테인먼트 그룹 CEO
iMe 엔터테인먼트 그룹 설립자 겸 CEO인 브라이언 차우는 다양한 공연을 500회 이상 주최하고 기획했다. iMe 엔터테인먼트 그룹은 한국을 비롯해 중국, 일본, 홍콩, 마카오, 대만, 태국, 말레이시아, 싱가포르, 인도네시아, 호주 등 12개국으로 사업 영역을 확장했다.

"코로나19 팬데믹이 지나간 후엔 콘서트에 대한 사람들의 수요가 폭발적일 것으로 본다. 2021년 여름부터는 라이브 공연 활동이 재개될 것으로 전망한다. 티켓 등에 대한 보복 소비도 충분히 가능성이 있다."

브라이언 차우 iMe 엔터테인먼트 그룹 설립자는 이 같은 의견을 남겼다. iMe 엔터테인먼트 그룹은 전 세계 아티스트의 아시아 지역 대형 콘서트·아시아 투어·유명 뮤지컬의 공연 기획과 연출·연예 기획사업 등을 진행하는 엔터테인먼트 회사다.

코로나19 사태가 세계 연예산업에 막대한 영향을 끼치고 있는 현재, 라이브 퍼포먼스 연예 산업은 어떻게 변화할 것이며 대처해야 할까. 차우는 "우리 회사는 아시아에서 가장 큰 회사"라고 설명하며 "실제로 아시아 12개국에 진출해 있기 때문에 다른 엔터테인 먼트 회사보다 12배로 타격을 받았다"고 말했다.

코로나19로 온라인으로 콘서트가 진행되는 등 다양한 시도가 나오고 있지만 라이브 퍼포먼스를 전면적으로 대체하지는 않을 전망이다. 차우는 "코로나19로 여러 팬들도 온라인 콘서트 경험이 생겼다"며 "그렇지만 온라인 콘서트가 계속 되더라도 온라인 콘서트에선 현장 콘서트처럼 분위기, 체험, 몰입감 등을 느낄 순 없다"고 한계점을 얘기했다. 그는 "라이브 퍼포먼스는 다른 경험으로 대체할 수 없는 현장 분위기와 몰입감을 제공한다"며 "코로나19 이후로도 온라인 콘서트가 유지될 수는 있지만, 오프라인 콘서트의 이런 경험을 대체할 수는 없다고 믿는다"고 밝혔다. 또, 온라인 콘서트에 대해선 "BTS가 '방방콘'을 성공적으로 개최하는 등의 변화가 보이고 기술 또한 발달했지만, 팬들이 온라인 콘서트에 비용을 지불하는 것이 익숙해질 때까진 수익모델이 명확하지 않을 것"이라고 의견을 남겼다.

그렇다면 2021년 여름부터는 라이브 퍼포먼스를 직접 보러갈 수 있을까. 차우는 "엔터 산업 쪽에선 드라마 등이 먼저 회복되고 가장 마지막으로 회복되는 것이 라이브 콘서트 부문일 것 같다"고 말했다. 이어, "현재로선 계획하기 어려운 상황"이라며 "무엇보다 대형 콘서트를 열 수 있는 베트남, 마카오, 홍콩 등의 국가가 있지만 입국 허가를 하지 않는 곳이 많아 콘서트 개최가 어렵다"고 설명했다.

자가 격리 기간 역시 문제가 된다. 예를 들어, 한국 가수가 대만에서 공연을 하는 상황이라면 대만에서 자가 격리 14일, 콘서트 7일, 그리고 한국에서 다시 자가 격리 14일을 해야 한다. 차우는 "콘서트 한 번에 한 달이 사라지는 셈인데 현재로선 이런 문제로 개최가 어렵다"고 설명했다. 그는 "지금 코로나19 백신 개발이 한창 진행 중인데, 2021년 초에 백신이 출시되는 것을 기대하고 있다. 백신이 출시돼 팬데믹이 종식된다면 여름쯤에 공연이 재개될 수 있을 것이라 생각한다"고 말했다.

글로벌 리더들의 미래 전략
세계지식포럼 인사이트 2021
팬데믹 이후 세계 경제의 행방을 예측하다

초판 1쇄   2020년 12월 21일

지은이   매일경제 세계지식포럼 사무국
펴낸이   서정희
펴낸곳   매경출판㈜
책임편집 옥다애
마케팅   신영병 이진희 김예인
디자인   김보현 이은설

매경출판㈜
등록 2003년 4월 24일(No. 2-3759)
주소 (04557) 서울시 중구 충무로 2(필동1가) 매일경제 별관 2층 매경출판㈜
홈페이지 www.mkbook.co.kr
전화 02)2000-2633(기획편집) 02)2000-2636(마케팅) 02)2000-2606(구입 문의)
팩스 02)2000-2609   **이메일** publish@mk.co.kr
인쇄 · 제본 ㈜M-print 031)8071-0961
ISBN 979-11-6484-208-7(03320)

이 도서의 국립중앙도서관 출판예정도서목록(CIP)은 서지정보유통지원시스템 홈페이지(http://seoji.nl.go.kr)와
국가자료공동목록시스템(http://www.nl.go.kr/kolisnet)에서 이용하실 수 있습니다.
(CIP제어번호: CIP2020052237)